迁移工作流与云工作流

吴修国 著

上海交通大学出版社

内容提要

依照国际工作流联盟(Workflow Management Collation，WfMC)的定义，工作流是业务过程的全部或部分自动化过程，在此过程中，文档、信息或者任务按照一定的过程规则在参与者之间流转，实现组织成员间的协调工作以期达到业务的整体目标。利用 Agent 技术以及云计算技术解决工作流发展过程中遇到的各种问题是进一步推广工作流应用的一种行之有效的途径，本书反映了作者对解决工作流发展过程中遇到的诸如过分依赖于网络系统、业务模型的灵活性较差以及无法应用于云计算平台等问题的研究思路。

图书在版编目(CIP)数据

迁移工作流与云工作流 / 吴修国著. —上海：上
海交通大学出版社，2014
ISBN 978 - 7 - 313 - 11611 - 6

Ⅰ.①迁…　Ⅱ.①吴…　Ⅲ.①工作流管理系统—研究
Ⅳ.①F273

中国版本图书馆 CIP 数据核字(2014)第 126105 号

迁移工作流与云工作流

著　　者：吴修国
出版发行：上海交通大学出版社　　　　　　　　　　地　　址：上海市番禺路 951 号
邮政编码：200030　　　　　　　　　　　　　　　　电　　话：021 - 64071208
出 版 人：韩建民
印　　制：常熟市梅李印刷有限公司　　　　　　　　经　　销：全国新华书店
开　　本：787 mm×1092 mm　1/16　　　　　　　　印　　张：9.75
字　　数：229 千字
版　　次：2014 年 8 月第 1 版　　　　　　　　　　　印　　次：2014 年 8 月第 1 次印刷
书　　号：ISBN 978 - 7 - 313 - 11611 - 6/F
定　　价：38.00 元

　　本书的出版受山东省高等学校科技计划项目"云工作流方法及其调度策略研究(J12LN33)"和济南市高校自主创新计划项目"面向服务的云工作流关键技术研究(201303015)"资助,系上述两个项目的研究成果。

前言

依照国际工作流联盟(Workflow Management Collation，WfMC)的定义,工作流是业务过程的全部或部分自动化过程,在此过程中,文档、信息或者任务按照一定的过程规则在参与者之间流转,实现组织成员间的协调工作以期达到业务的整体目标。

迁移工作流(Migrating Workflow)是将移动 Agent 计算模式应用于工作流管理的一项新技术。按照曾广周教授提出的迁移工作流管理系统框架,迁移实例、工作位置和迁移工作流管理引擎构成迁移工作流管理系统的三要素,其中,迁移实例是以移动 Agent 为计算范型构造的业务过程执行 Agent,它可以在工作位置之间移动并按照自身携带的工作流说明,就地利用服务执行一项或多项任务,多个迁移实例可以协作地完成一个业务过程;工作位置是工作流参与者的代理,它代表工作流参与机构或个人为迁移实例提供运行时服务和工作流服务;迁移工作流管理引擎不仅支持工作流定义,而且支持迁移实例的创建、派遣和监控。

云工作流(Cloud Workflow),或者说是面向云计算的工作流系统,是工作流管理系统在云环境下的一种新的应用模式。从云计算用户的角度看,工作流提供了对复杂应用的抽象定义、灵活配置和自动化运行,进而提高服务质量;从云计算服务提供者的角度看,工作流提供了任务的自动调度、资源的优化和管理,进而压缩了云计算的运行成本。

全书共分四个部分,第一部分(第 1 章)对工作流的起源与发展进行了介绍;第二部分(第 2～7 章)对迁移工作流技术进行全面阐述,包括迁移工作流模型、基于目标描述逻辑的迁移工作流系统、基于规划组合的多目标模型优化方法、迁移工作流目标规划等,并给出了基于 GDLs 迁移工作流建模的例子;第三部分(第 8～10 章)对云工作流系统进行阐述,包括云工作流系统的概念模型与结构模型、面向云工作流的最小成本副本策略以及面向云工作流的最小成本的数据存储策略;最后,第四部分(第 11 章)对工作流技术进行了总结与展望。

　　本书通过总结作者近年来的科研成果,力图为工作流应用过程中所遇到的难点问题提供一种新的解决途径。本书尽量做到概念清晰、层次分明、表达准确、结构清晰和注重理论联系实际,以利于读者阅读。本书对从事自动化管理、人工智能和中大规模应用系统等领域理论以及应用研究的科技人员具有较强的参考价值,对从事这方面研究的大学高年级本科生、硕士研究生、博士研究生也具有重要的参考价值。

　　由于编程时,所有的字母均用正体表示,为叙述方便,文中说明程序、指令、格式时,所有的字母也均用正体表示。

　　在本书撰写过程中,作者参考了大量文献资料,在此向相关作者致以诚挚的谢意。书中存在的不妥和错误之处恳请读者批评指正。

目录

1 工作流概述

工作流技术是计算机支持的协同工作（Computer Supported Cooperative Work, CSCW）的一个重要分支，主要是解决具有先后约束关系的一系列业务流程的表示、组织以及执行等问题。工作流技术随着网络技术、通信技术以及计算机技术的快速发展，逐渐成为解决企业内部缩短企业运营周期、优化并合理利用企业资源、降低差错率、提高劳动生产率的重要手段之一。

本章组织如下：第1.1节简单介绍工作流的产生与发展；第1.2节给出了工作流管理系统的功能、体系结构以及分类；第1.3节对工作流模型以及建模方法进行具体分析，重点以Petri网为例讨论了工作流建模过程；第1.4节则在分析工作流发展中遇到的问题基础上，探讨工作流下一步的发展趋势。

1.1 工作流

1.1.1 工作流的产生

工作流是从英文 WorkFlow 翻译过来的，WorkFlow 则是由单词 Work 和 Flow 组合得到的词，其中 Work 表示工作或任务；Flow 的含义是流动、流程或流量等。从字面意思来看，WorkFlow 就是表示一些相互衔接的任务之间的转换过程，即用活动及活动之间的变化过程表示的业务流程[1]。

工作流思想的产生不是一蹴而就的，而是人们在利用计算机进行信息处理过程中随着业务复杂性的增强、计算机技术与网络技术的发展逐渐形成的。在世界上第一台计算机 Eniac 诞生早期，人们主要借助人脑进行信息的处理，其中纸张是信息活动的主要载体[2]。由于纸张这一物理介质的存在，传统的信息传递与信息处理方式需要花费大量的人力、物力来完成信息的收集、组织、储存以及检索等，效率较低。同时，这种方式大大降低了对客户需求的响应速度，给各企业和行政管理部门的业务活动带来了诸多不利的影响。

随着计算机应用水平日益提高，无纸化办公，即不用纸张而办公，成为企业与行政管理单位的工作人员追求的目标。计算机、应用软件、通信网络是无纸化办公的三个最基本要素，可以实现各种业务以及事务处理[3]。计算机管理信息系统包括：信息处理、事务处理以及决策支持三个部分。信息传递和信息处理则构成了企业（包括制造企业、商业企业、服务企业等）和行政管理部门业务工作中的重要内容；同时，它也成为计算机管理系统的主要功能。在信息传递和信息处理结果的基础上，各级领导方可进行相应的决策职能，这些决策的正确与否决定了企业业务的开展方式和经营战略。

为此，部分企业和行政管理部门在各自单位内部建立了相应的文件、表单、报表等用来实现日常表单处理的电子化与自动化。这些系统通常以主机—终端方式运行在大型机或小型机上，用户（业务人员）通过终端运行安装在主机上的应用程序，这可以看成是现代工作流系统的雏形。不过受设备、技术等因素限制，这些系统所适用的环境比较简单，所提供的功能不尽完善，性能与系统结构也不够先进。

随着市场经济的发展，以及市场竞争的日益激烈，企业要求其业务过程能够进行快速重组；业务过程的不断变化也相应要求信息系统能够快速重组。这样，单靠人工对企业过程进行重组和传统的面向功能的信息化计算机系统已经不能适应现代企业的发展。因此，构建一种能够实现企业快速业务流程重组和业务过程自动化的软件系统成为企业追求的目标。在计算机网络技术和分布式数据库技术迅速发展、多机协同工作技术日臻成熟的基础上，在20世纪80年代中期，人们逐渐提出工作流的概念。工作流技术的提出和发展为企业更好地实现其经营目标提供了先进的手段。

随着经营业务的迅速展开，企业的物理位置逐渐分散，部门间的协作日益频繁；决策过程的分散性也日益明显，对日常业务活动详细信息的需求也日益提高。因此，企业又要求信息系统必须具有分布性、异构性、自治性。在这种大规模的分布式应用环境下高效地运转相关的任务，并且对执行的任务进行密切监控已成为一种发展趋势。在这种技术背景下，工作流管理系统也由最初的创建无纸化办公环境，转而成为同化企业复杂信息环境、实现业务流程自动化的必要工具。这样的一个转变，把工作流技术带入了一个崭新的发展阶段，越来越多的人逐渐从更深的层次、更广的领域对工作流展开研究。

20世纪90年代以来，因业务流程问题，有关工作流技术的研究逐渐得到越来越多的学者与机构的重视，主要基于以下几方面原因：

（1）随着管理哲学的发展，业务流程成为组织机构管理的一个重要研究内容，出现了一些新的概念，比如业务流程再造（Business Process Reengineering，BPR）和持续过程改进（Continuous Process Improvement，CPI）。

（2）这一时期内，企业（组织）发展迅速，其内部的业务过程日益复杂，数量大大增加；并且产品和服务的周期相比以前大大缩短，如何设计合理高效的业务流程成为人们关心的问题。

（3）为了适应激烈的市场竞争，企业（组织）要及时响应外界变化，需要经常改变业务流程。

在上述背景下，工作流技术的标准化组织——国际工作流管理联盟（Workflow Manangement Coalition，WfMC）于1993年成立，这标志着工作流技术在计算机应用领域中被明确地划分出了自己的研究领域，相应的概念与术语也得到了人们的承认[4]。由此，在全球范围内，有关工作流的技术研究以及相关的产品开发进入了更为繁荣的阶段。

从工作流管理的发展历程可以看出,工作流管理的概念早在20世纪80年代初就已提出,但是由于受到当时计算机技术、网络技术发展的限制,一直未能得到充分的发展。

直到90年代初期,随着计算机技术和网络技术的迅猛发展以及市场竞争的加剧,企业对提高生产质量、缩短生产周期等的要求强烈,才使得工作流管理成为企业界和研究领域的热门话题。

1.1.2　工作流的定义

尽管工作流管理联盟成立已经过去二十多年的时间,WfMC在工作流管理系统的相关术语、体系结构及应用编程(WAPI)等方面也制订了一系列的标准,但在工作流的定义上尚未达成统一的认识。不同的研究学者和产品研发机构从不同的角度给出了工作流的定义。以下给出几个具有代表性的定义,可以使我们对工作流的一些基本特征有一定的理解,供读者参考。

1) 工作流管理联盟(WfMC)的定义[5]

Workflow is defined as follows: the automation of business process, in whole or part, during which documents, information or tasks are passed from one participant to another for action, according to set of procedural rules. 即工作流是一类能够完全或者部分自动执行的经营过程,在这个过程中,规则、文档、信息或任务能够在不同的执行者之间传递、执行。

2) Amit Sheth 的定义[6]

工作流是涉及多任务协调执行的活动,这些任务分别由不同的处理实体完成。一项任务定义了需要做的某些工作,它可以以各种形式进行定义,包括在文件或电子邮件中的文本描述、一张表格、一条信息以及一个计算机程序。用来执行任务的处理实体可以是人,也可以是计算机系统(如邮递员、一个应用程序、一个数据库管理系统等)。

3) IBM Almaden Research Center 的定义[7]

工作流是经营过程中的一种计算机化的表示模型,定义了完成整个过程所需用的各种参数。这些参数包括对过程中每一个单独步骤的定义、步骤间的执行顺序、条件以及数据流的建立、每一步骤由谁负责以及每个活动所需要的应用程序。

4) Giga Group 的定义[8]

工作流是经营过程中可运转的部分,包括任务的顺序以及由谁来执行它,支持任务的信息流、评价与控制任务的跟踪、报告机制。

以上这些定义,虽然表述方式略有不同,但是基本上都说明了这样一个问题,即:工作流是业务过程的一个计算机实现,而工作流管理系统则是这一实现的软件环境。

使用工作流作为业务过程的实现技术,首先要求工作流系统能够反映业务过程的如下几个问题:

(1) 业务过程是什么(有哪些活动、任务组成,也就是结构上的定义)。

(2) 怎么做(活动间的执行条件、规则以及活动间交互的信息,也就是控制流与信息流的定义)。

(3) 由谁来做(人或计算机程序,也就是组织角色的定义)。

(4) 做得怎样(通过工作流管理系统对执行过程进行监控)。

因此,可以说工作流是一种反映业务流程的计算机化的模型,它是为了在先进计算机环境支持下,实现经营过程集成与经营过程自动化而建立的、可由工作流管理系统执行的业务系统。

在总结上述定义的基础上,我们针对工作流的概念给出如下的定义:工作流是借助于计算机系统实现的能够自动/半自动完成某些业务活动的过程。该定义强调了系统的自动性,即能在不需要人干预的情况下实现某些活动。

1.2　工作流管理系统

一个工作流包含一组活动以及它们之间的顺序关系、活动的启动和终止条件,以及对每个活动的描述。相应地,工作流管理系统(Workflow Management System, WMS)是指运行在一个或多个工作流引擎上,用于定义、实现和管理工作流运行的一套软件系统,它通过管理一系列工作行为以及活动步骤、相关人员、资源设备来实现业务处理程序上的自动控制。工作流管理系统与工作流执行者(人、应用)交互,推进工作流实例的执行,并监控工作流的运行状态。

1.2.1　工作流管理系统的功能

一般来说,工作流管理系统主要具备以下三个功能特征[9],如图 1-1 所示。

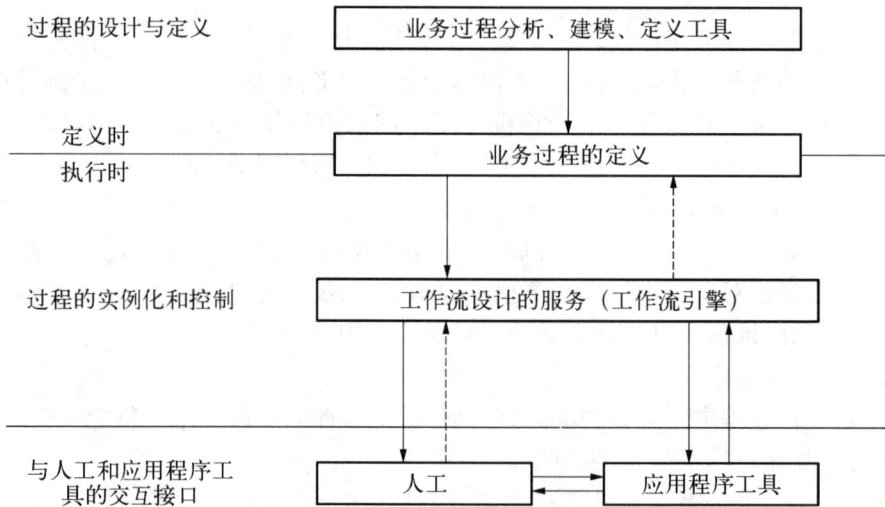

图 1-1　工作流管理系统功能结构图

(1) 工作流定义功能。主要是对业务处理过程的计算机定义,提供一种或多种分析、建模、系统定义技术,将一个现实世界的业务处理过程转换成计算机可处理的定义。最终的定义叫做过程模型、过程模版或过程定义,可以表现为文本、图形或自然语言符号。

(2) 运行控制功能。对过程的定义进行解释,创建并控制过程的运行实例,调度过程的各种行为步骤,调用适当的人工和 IT 应用程序资源;工作流管理系统的核心部件就是工作流管理控制软件(工作流引擎)。

(3) 运行交互接口。提供与人员或 IT 应用程序工具进行交互的接口,该接口对于活动间的控制传递是必需的,如确定过程的状态,调用应用程序工具,传递应用程序数据等。

1.2.2 工作流管理系统的体系结构

工作流管理系统的体系结构如图1-2图所示[10]。可以看出,工作流管理系统由工作流定义(建模)工具、工作流机(工作流引擎)、工作列表管理器、用户界面及其相关的应用和数据组成。

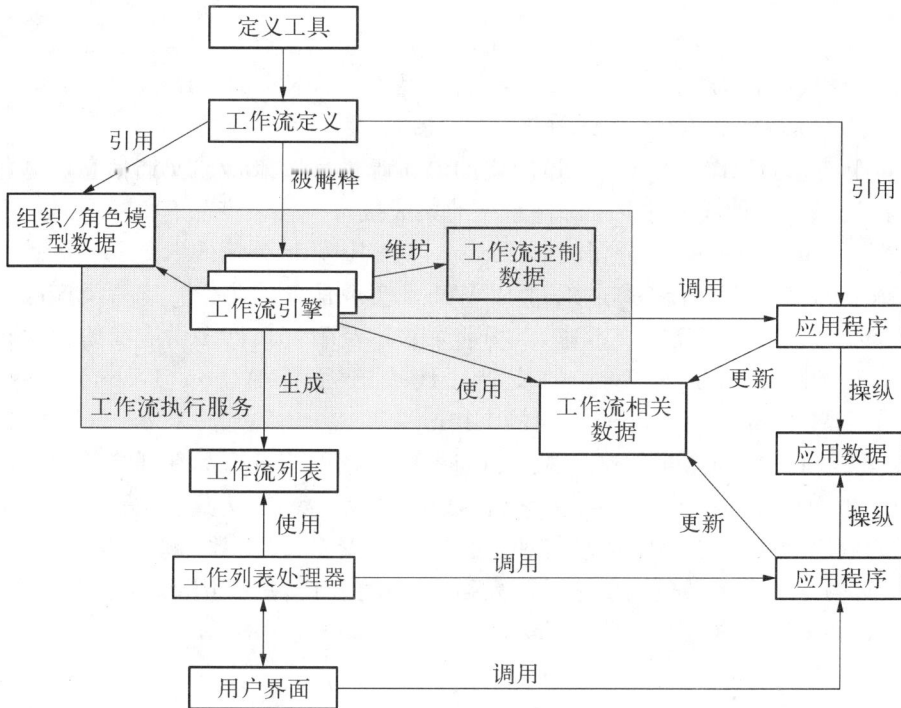

图 1-2 工作流管理系统的体系结构图

(1) 定义工具:用来定义工作流,它生成工作流定义。在定义时可能会参考组织或角色数据,还会引用外部应用程序的编程接口。

(2) 工作流执行服务:用来执行工作流,可能包含多个相互独立、并行运转的工作流引擎。它可能会参考组织或角色数据,还会调用外部应用程序,维护工作流控制数据,使用工作流相关数据,生成工作列表。

(3) 工作流引擎:用来执行单独的流程实例。

(4) 用户界面:用户操纵工作流列表的界面,可能会调用外部的应用程序。

1.2.3 工作流管理系统的分类

根据所实现的业务过程不同,工作流管理系统可分为四类[11]:

(1) 管理型工作流(Administrative Workflow):在这类工作流中,活动可以预定义并且有一套简单的任务协调规则。例如,大学里的课程选修;完成论文后的学位申请等。

(2) 设定型工作流(Ad hoc Workflow):与管理型工作流相似,但一般用来处理异常或发生概率比较小的情况,有时甚至只出现一次,这与参与的用户有关。

（3）协作型工作流（Collaborative Workflow）：参与者协作的次数较多。在一个步骤上可能反复发生几次，直到得到某种结果为止，有时可能需要返回到前一阶段。

（4）生产型工作流（Production Workflow）：实现重要的业务过程的工作流，特别是与业务组织的功能直接相关的工作流。与管理型工作流相比，生产型工作流一般应用在规模较大、复杂的和异构的环境下，整个过程会涉及许多人员和不同的组织。

根据不同工作流系统所采用的任务项传递机制的不同，目前市场上的工作流产品可以划分为四类[12]：

（1）基于文件的工作流系统：以共享文件的方式完成任务项传递。这种类型产品开发得最早、发展最成熟、其产品品种较多。代表产品有 FileNet 的 Visual WorkFlo，IBM 的 FlowMark，InConcert 的 InConcert 等。

（2）基于消息的工作流系统：通过用户的电子邮件系统来传递文档信息。这种类型的产品一般都提供与一种或多种电子邮件系统的集成接口。代表产品有 Novell 与 FileNet 合作开发的 Ensemble，JetForm 公司的 InTempo 以及 Keyfile 公司的 Keyflow 等。

（3）基于 Web 的工作流系统：通过 WWW 来实现任务的协作。这一类产品起步较晚（大都在 1995 年以后），但其发展迅速，市场前景被广泛看好。许多供应商纷纷改进原有产品或开发新产品以增加对 Web 的支持。代表产品有 Action Technologies 公司的 ActionWorks Metro 以及 Ultimus 公司的 Ultimus 等。

（4）群件与套件系统：虽然这一类产品与上面介绍的三种产品在任务传递方式上有很大程度的重叠，但是在这里却有必要把它们单独划分成一类，因为这一类产品都需要依赖于自己系统的应用基础结构，包括消息传递、目录服务、安全管理、数据库与文档管理服务等，它们本身就构成了一个完整的应用开发环境。代表产品有 IBM/Lotus 公司的 Lotus Notes、Microsoft 公司的 Office 与 Exchange 以及 Novell 公司的 GroupWise 等。

1.3　工作流模型

工作流模型是对工作流的抽象表示，也就是对经营过程的抽象表示。由于工作流需要在计算机环境下运行，因此，建立相应的工作流模型就是必不可少的。一般而言，工作流模型应该能够完整地提出支持工作流定义的概念，为建模用户提供工作流定义所需要的组件或元素。理想的工作流模型能够清楚地描述任意情况下的工作流，能够适应用户在建模过程中所提出的各种要求。

1.3.1　WfMC 的工作流参考模型

关于工作流参考模型的作用，2004 年霍林斯沃思（David Hollingsworth）[13] 在回顾工作流参考模型十年的历程时指出：

（1）工作流参考模型的引入为人们讨论工作流技术提供了一个规范的术语表，为在一般意义上讨论工作流系统的体系结构提供了基础。

（2）工作流参考模型为工作流管理系统的关键软件部件提供了功能描述，并描述了关键软件部件交互，而且这个描述独立于特定产品或技术的实现。

（3）从功能的角度定义五个关键软件部件的交互接口，推动了信息交换的标准化，使得不同产品间的互操作成为可能。

图 1-3 给出了 WfMC 提出的工作流参考模型。该模型由工作流执行服务、工作流引擎、流程定义工具、管理监控工具、客户端应用以及调用应用等组成。

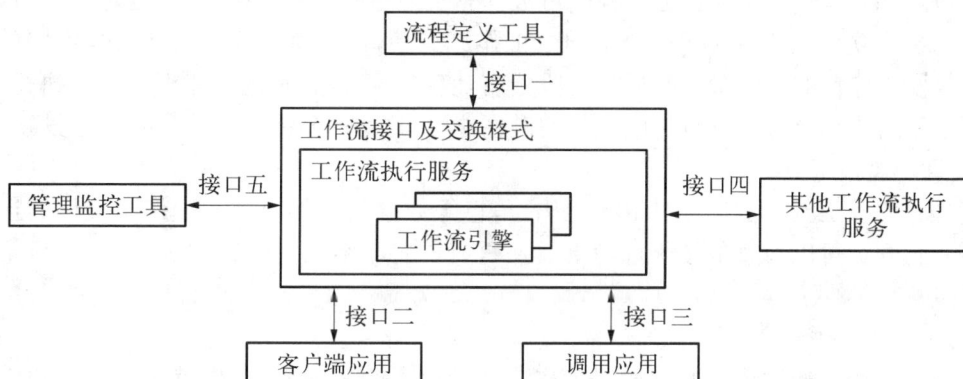

图 1-3　工作流参考模型

1) 工作流执行服务

工作流执行服务是由一个或者多个工作流引擎组成,以创建、管理和执行工作流实例,应用程序可通过工作流应用程序接口(WAPI)与这个服务进行交互。工作流执行服务的主要功能是:

(1) 解释流程定义,生成过程实例,并管理其实施过程。

(2) 依据工作流相关数据实现流程活动导航,包括顺序或并行操作、期限设置等。

(3) 与外部资源交互,完成各项活动。

(4) 维护工作流控制数据和工作流相关数据,并向用户传送必要的相关数据。

工作流执行服务使用外部资源的途径:

(1) 用户应用接口:工作流引擎通过任务项列表管理资源,任务项列表管理器负责从任务项列表中选择并监督工作项的完成。任务项列表管理器或用户负责调用应用工具。

(2) 直接调用应用接口:工作流引擎直接调用相应的应用来完成一项任务。这主要是针对基于服务器的无需用户参与的应用,那些需要用户操作的活动则通过任务列表管理器来调用。

2) 工作流引擎

工作流引擎是指为工作流实例提供运行时执行环境的软件服务或"引擎"。主要提供以下功能:

(1) 对过程定义进行解释。

(2) 控制过程实例的生成、激活、挂起、终止等。

(3) 控制过程活动间的转换,包括串行或并行的操作,工作流相关数据的解释等。

(4) 支持用户操作的界面。

(5) 维护工作流控制数据和工作流相关数据,在应用或用户间传递工作流相关数据。

(6) 提供用于激活外部应用并提供工作流相关数据的界面。

(7) 提供控制、管理和监督的功能。

3）流程定义工具

流程定义工具是管理流程定义的工具，它可以通过图形方式把复杂的流程定义显示出来并加以操作。流程定义工具同工作流执行服务交互，为用户提供一种对实际业务过程进行分析、建模的手段，并生成业务过程的可被计算机处理的形式化描述（过程定义）。这也是工作流系统建立阶段的主要任务。不同的工作流产品，其建模工具输出格式是不同的。接口一不仅使工作流的定义阶段和运行阶段分离，使用户可以分别选择建模工具和执行产品，并且提供了对工作流过程进行协同定义的潜在能力，这些产品提供了分布的运行服务。

4）管理监控工具

管理和监控工具主要负责对组织机构、角色等数据的维护管理和工作流实例的运行进行监控。管理员可以通过工作流管理工具获得目前各个活动的运行情况报告，并可干预实例的推进。

5）客户端应用

客户端应用是通过请求的方式同工作流执行服务交互的应用，也就是说是客户端应用调用工作流执行服务，客户端应用同工作流执行服务交互。它提供给用户一种手段，以处理实例运行过程中需要人工参与的任务。

6）调用应用

调用应用是指工作流执行服务在过程实例运行过程中调用的，用以对应用数据进行处理的应用程序和 Web 服务。

1.3.2　Petri 网

Petri 网是由联邦德国的 Carl Adam Petri 于 1962 年在其博士论文《用自动机通信》中最先提出的一类建模工具[14]。它们具有严密的数学背景和易于理解的图形特征。Petri 网的图形特性便于参与设计流程的人员之间进行可视化的交流。从另一方面来看，Petri 网具有坚实的数学基础，可以建立数学模型来描述系统的行为。而且，通过 Petri 网的分析技术可以检验模型的有效性。Petri 网特别适用于那些具有并行的、同步动作的离散事件的建模和分析。

1.3.2.1　Petri 网的定义

Petri 网是一个有向图，由库所（places），变迁（transitions）和弧（arcs）等三个结构组成[15]。

（1）库所，用一个圆圈表示。表示当系统迁移时的状态或条件。

（2）变迁，用一个条目或方块表示。用来描述可能改变系统状态的事件。

（3）弧，用一条连接库所和变迁的单向连线表示。系统的动态行为可以表示为标记。

Petri 网的公式定义可以描述为一个四元组 $N = <P, T, F, M_0>$，其中：

（1）$P = \{p_i | i = 1, \cdots, |P|\}$ 是库所 places 的有限集。

（2）$T = \{t_j | j = 1, \cdots, |T|\}$ 是变迁的有限集。$P \cup T \neq \varnothing$，$P \cap T = \varnothing$。

（3）$F \subseteq (F \times T) \cup (T \times F)$ 是弧（流关系）的集合。

（4）$M: P \to Z$ 为标识函数，其中，M_0 为初始标识，$Z = \{0, 1, 2, \cdots\}$ 为非负整数集。

变迁是 Petri 网中的主动元素，通常表示事件、操作、转换或传输。通过实施变迁，过程从一个状态转变到另一个状态。

库所是 Petri 网中的被动元素，它们不能改变网的状态，库所通常表示媒介、地理位置、阶段、状态、条件等。

标记通常表示对象，这些对象可能是具体的事物，也可能是抽象的信息。如图 1-4 所示。

变迁的实施就是从每个输入库所中获得标记（每个输入库所中都要有标记，这也是条件），然后放到每个输出库所中。例如图 1-4，从输入库所 claim 中获取标记，然后放到输出库所 under consideration 中。换句话说，实施时，变迁消耗掉来自输入库所的标记，并为每个输出库所产生标记。

图 1-4　变迁过程

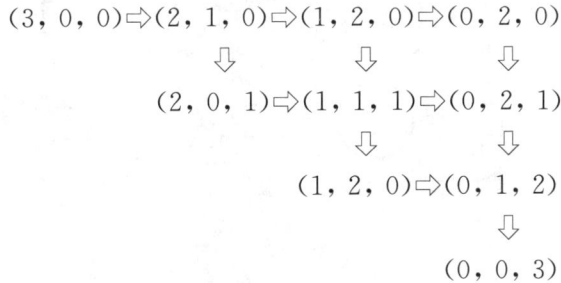

可达图是一种有向图，由节点和箭头构成，每个节点表示一种可达状态，每个箭头表示一种可能改变的状态。例如，对于图 1-4 可由图 1-5 描述。

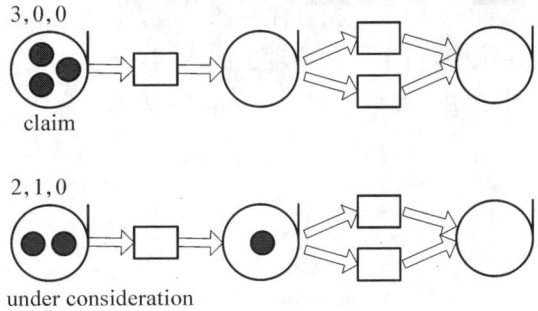

$$(3，0，0)\Rightarrow(2，1，0)\Rightarrow(1，2，0)\Rightarrow(0，2，0)$$
$$\Downarrow \qquad \Downarrow \qquad \Downarrow$$
$$(2，0，1)\Rightarrow(1，1，1)\Rightarrow(0，2，1)$$
$$\Downarrow \qquad \Downarrow$$
$$(1，2，0)\Rightarrow(0，1，2)$$
$$\Downarrow$$
$$(0，0，3)$$

图 1-5　可达图

可达图非常重要，它能够表达被建模过程的行为，验证工作流网的合理性。通过绘制可达图的训练，可以加深对 Petri 网工具的理解。

1.3.2.2　工作流概念到 Petri 网的映射

Petri 网用来定义一个过程，该网有一个"入口"（没有输入弧的库所）和一个"出口"（没有输出弧的库所）。用库所表示条件，变迁表示任务。

对于不同的案例对应的标记，我们可以使用两种方法将其转化到 Petri 网中：

（1）为每个案例创建一个单独的 Petri 副本，每个案例都有自己的过程。

（2）利用颜色扩展。

在从工作流概念到 Petri 网映射时，可通过以下四种结构关系转换：

（1）顺序路由：早期 Petri 网中，通过在两个任务间添加一个库所进行链接的方式来建模（见图 1-6）。

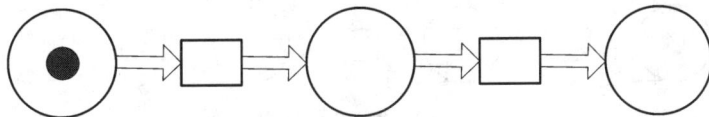

图 1-6　顺序路由

（2）并行路由：使用 AND-split 任务，添加的这个任务使得多个任务能被同时处理，如

图 1-7 所示。只有任务都完成,变迁才能实施,就是 AND-join 任务。在案例被手工执行的系统中,由于一些物理上的原因,一般只能采取顺序路由,工作流系统的出现,大大消除了这种限制。允许并行对工作流成功意义重大。

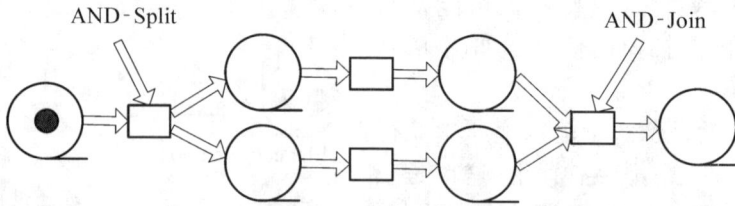

图 1-7 并行路由

(3)选择路由:使用 OR-Split。OR-Split 的建模方式有两种,如图 1-8 所示。

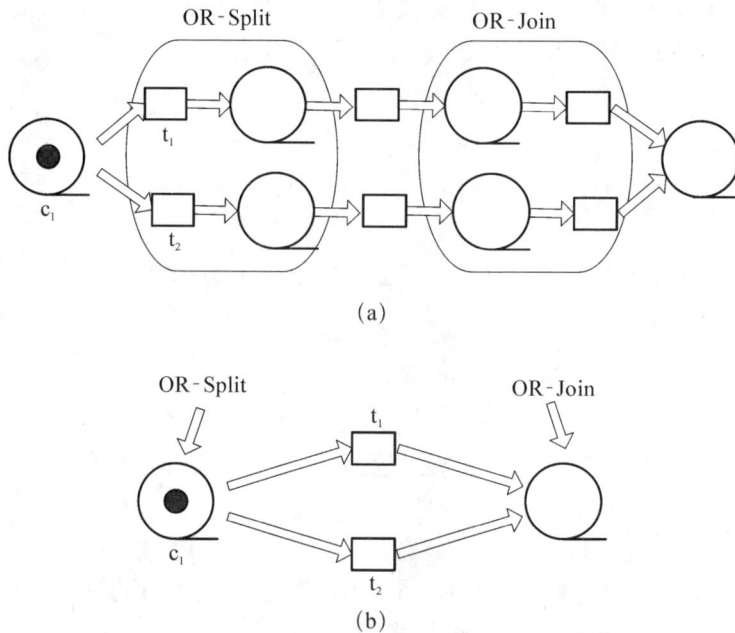

(a)

(b)

图 1-8 选择路由的两种模式

这两种方式的 OR-Join 是没有什么差别的,但是对于 OR-Split 来说,前者表示 c_1 中有一个标记就会立刻做出选择,后者的选择会退出,只有 t_1 或者 t_2 必须被执行的时候,才做出实际的选择。

(4)循环路由:循环路由如图 1-9 所示。

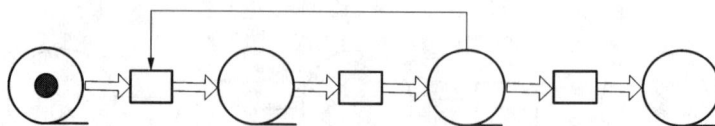

图 1-9 循环路由

这四种结构是工作流执行的基本结构,所有工作流的执行结构可以由这四种基本结构组合而成。

1.4　工作流技术研究的现状与发展

1.4.1　工作流发展中遇到的问题分析

目前工作流技术发展已经经过了几十年,尽管取得了一系列的成果,仍然存在许多问题亟待进一步研究解决[17]。这些问题包括:

(1) 尽管 WfMC 制订了一系列标准,但目前多数工作流系统并未遵守。

(2) 目前的工作流系统并未采用一种自然的系统处理方式,过程表达不友好。

(3) 在工作流建模过程中,模型并未能真正反映实际的流程设计,特别是对于并行、选择结构的嵌套等有所限制。

(4) 大多数工作流管理系统是基于事件的,对状态的显示建模不支持,不能很好地支持触发器和外部选择。

(5) 大多不支持异构的工作流平台。

接下来,对工作流发展中遇到的两个主要问题进行分析。

1.4.1.1　问题 1:工作流管理系统模型

目前的工作流管理系统发展尚未有统一的标准,所开发的工作流产品相互间大多不兼容,使得工作流商品的应用遇到了问题,这种情况类似于 20 世纪 70 年代初,关系数据库模型和 E-R 模型出现以前的数据库管理系统的发展状况。应该说,国际工作流联盟(WfMC)为了使工作流的概念和接口标准化作了很大努力,包括定义了工作流管理系统的系统结构参考模型等。然而,尽管大多数的接口和标准已经给出,这些标准大多仅仅停留在技术层面上,而且重点放在语法上而不是语义上。而在概念层上,则至今仍没有统一的意见[18]。例如,在 WfMC 参考模型的接口一的规范中,就没有关于状态及基本构造块(如 AND-Split,And-Join 以及 Or-Split,Or-Join)的形式化描述。从这个意义上来说,有必要建立一个概念模型,以描述基本构件的语义。

另外,WfMC 在制订过程定义规范时,仅给出了基于语言(WPDL)的过程定义形式,忽略了图形化定义对用户的影响。然而,非图形化的过程定义很难表达上下文的含义以及控制策略,只有那些精通文本描述定义的人才能对整个工作流过程有完全的认识。普通的图形表达可能提供了一定程度的抽象,但同时又可能导致语义的模糊不清。对于时间、执行的约束条件、复杂的关系描述以及过程对象和人之间的管理也难以表述。

总体来看,工作流建模方法应当具有友好界面、易表达、易扩展、清晰等丰富的语义表达能力,以满足表达顺序、选择、循环路由等;同时,应当能够定义控制流、数据流、资源流,并且能够定义策略对工作流例外做出处理。

1.4.1.2　问题 2:工作流管理系统的系统结构

当前商品化的工作流产品的功能决定了工作流管理的技术水平状况,在这种情况下关于共享与协作成为解决的主要问题,而工作流的性能、可测量性、可靠性等,则基本上未考虑到。因此,大多数的工作流产品并未基于对用户需求的完全理解,也就不能完全满足用户的需求。

工作流管理系统结构上的缺陷是工作流研究存在的问题之一,比如不支持异构环境、高负载能力不足、单数据库、通信支持不足、设计上的缺陷等。此外,工作流的健壮性和可用性也是需要考虑的重要问题。当前的工作流系统大多没有备份机制和有效的恢复手段，一旦出现问题很难得到及时恢复。

当前工作流研究的一个分支领域就是关于工作流的分布式执行[19]。在当今的现有系统中，普遍使用的是 C/S 系统结构，选择这样的结构有一定的道理：轻客户端；集中监听和监视；简单的同步机制以及总体设计简单。然而，基于中心服务器的结构是脆弱的，服务器的错误将导致整个工作流系统的失败。另外，集中式服务容易形成瓶颈，由此很难对系统性能进行测量。

1.4.2　工作流的发展趋势

在实际中，CEO 最注重的是管理，如何实现内部的电子化管理，有效提高办公效率则是他们所关心的问题。由于企业生产经营活动是由各种业务流程交织在一起组成的流程，因此，业务流程和企业的生产经营息息相关。

用户迫切需要一种能够支持业务流程自动化的软件工具来满足企业流程管理的需要。工作流管理系统正是顺应这一需求应运而生，它是用于实现工作流建模、执行、监控、分析、度量和优化的基础中间件平台。

工作流管理系统作为流程管理、实现工作流的关键基础设施，在未来发展中，要求具有以下关键性功能：

（1）可视化的流程设计工具，加速过程建模。

（2）支持串行、并行、分支、汇合、循环、同步、子流程等流程逻辑结构，满足各类复杂流程建模需要。

（3）电子表单设计工具，快速实现活动内容展现。

（4）分布式工作流引擎，实现跨部门、跨企业、跨地理范围的多流程协作和流程自动化。

（5）强大的应用集成服务，完成工作流与存在"信息孤岛"的企业已有应用之间的无缝集成与互操作。

（6）图形化的流程监控工具，及时动态监控、跟踪流程执行状态和相关数据。

（7）图形化的流程仿真、分析工具，对流程执行语法/语义检查，为优化流程提供依据。

参考文献

［1］范玉顺,罗海滨. 工作流管理技术基础[M]. 清华大学出版社,2001.

［2］曹右琦. 中文信息处理研究的现状和前瞻[J]. 语言文字应用,1995,1.

［3］沈美莉,陈孟建. 现代办公自动化教程[M]. 清华大学出版社有限公司,2005.

［4］柴政. 工作流管理系统及其在 JZEE 下的应用与实现[D]. 西南交通大学,2005.

［5］Workflow Management Coalition. Workflow management coalition terminology and glossary[R]. Technical Report, WfMC-TC-1011, Brussels：Workflow Management Coalition.

［6］Rusinkiewicz, Marek, and Amit P. Sheth. Specification and execution of transactional workflows[J]. Modern database systems 1995(1995)：592－620.

［7］范玉顺,吴澄. 工作流管理技术研究与产品现状及发展趋势[J]. 计算机集成制造系统 6.1(2000)：1－7.

［8］van Der Aalst WMP. Three good reasons for usinga Petri-net-based workflow management system[M] //Information and Process Integrationin Enterprises. Springer U S, 1998.

［9］赵瑞东,陆晶,时燕. 工作流与工作流管理技术综述[J]. 科技信息,2007(8)：105－107.

［10］林成栋,冷劲松,张超.工作流管理系统的体系结构研究［J］.中国管理科学,2002,10(3)：56－60.

［11］邓万宇.基于 WEB 的工作流平台设计与实现［D］.西北工业大学,2004.

［12］郑刚.一种基于工作流技术的协同办公系统的设计［J］.计算机技术与发展,2007,17(1)：24－29.

［13］Hollingsworth D. The workflow reference model：10 years on［C］∥Fujitsu Services，UK；Technical Committee Chair of WfMC. 2004.

［14］Petri C A. Communication with automata［J］. 1966.

［15］张志伟.基于 Petri 网的工作流系统建模及实现［D］.长沙理工大学,2007.

［16］周丽芬.Petri 网的工作流模型建模研究［J］.电脑知识与技术,2009,5(15).

［17］汪涛,吴耿锋.工作流管理的现状和未来趋势［J］.小型微型计算机系统,2001,22(2)：232－236.

［18］罗海滨,范玉顺,吴澄.工作流技术综述［J］.软件学报,2000,11(7)：899－907.

［19］黄东,胡文娟.工作流管理技术现状及发展趋势研究［J］.电脑知识与技术：学术交流,2009,5(9)：7258－7259.

2 迁移工作流

> 迁移工作流是将移动 Agent 计算模式应用于工作流管理的一项新技术。迁移实例(Migrating Instanc，MI)、工作位置(Work Place，WP)和迁移工作流管理引擎(Migrating Workflow Engine)构成迁移工作流管理系统的三要素。其中，MI 是以移动 Agent 为计算范型构造的业务过程执行 Agent，它可以在工作位置之间移动并按照自身携带的工作流说明，就地利用服务执行一项或多项任务。MI 的迁移策略是整个迁移工作流系统的核心问题之一。

本章组织如下：第 2.1 节给出了迁移工作流的产生背景；第 2.2 节给出了 Agent 以及移动 Agent 的相关概念；第 2.3 节则以移动 Agent 为基础，给出了迁移工作流的概念模型与系统框架；第 2.4 节对迁移工作流中迁移实例的迁移策略问题进行分析；最后是本章小结。

2.1 迁移工作流的产生

工作流的产生对于业务流程的自动化/半自动化技术的发展发挥了巨大的作用。但由于工作流应用环境的业务复杂性等原因，在应用过程中工作流仍然面临着一系列的问题。比如：

（1）过分依赖于网络系统，一旦网络的传输能力不够，就会给工作流系统效率带来极大影响。

（2）工作流系统的应用依赖于工作流建模，但对于业务比较复杂的系统进行建模时，往往很难建立完整的能够正确描述业务流程的模型，这是因为对一个关键业务而言，往往包含很多的参与者，但仅有少数人能够真正完全理解整个业务流程，因此，建模者很难完整的描述整个业务流程。

（3）业务模型的灵活性较差，一旦企业或公司的组织机构以及业务流程发生变化时，为了满足新系统的要求，往往需要重建很多的流程。

随着移动计算技术的日渐成熟，利用 Agent，特别是移动 Agent 技术解决工作流系统中出现的问题逐渐成为人们研究的热点之一。研究者利用移动 Agent 访问工作流系统中的资源，完成预先设定的各种任务，从而在工作流的基础上提出了迁移工作流（Migrating Workflow)的概念[1]。

为了使移动 Agent 能够在迁移过程中完成业务过程中规定的每一步活动，大多数工作流研究者在引入移动 Agent 技术时，假设移动 Agent 具有内嵌的、显式的业务过程逻辑，即事先为移动 Agent 编写一个面向过程的工作流说明，定义业务过程的活动、活动之间的转移逻辑，以及每一步活动所需要的资源和服务等。使移动 Agent 清楚地知道每一步应该做什么和需要什么，至于迁移到哪里去做以及如何做等问题，则因移动 Agent 实现及其运行环境体系结构的不同而有所不同。

由此，迁移工作流的执行过程可以描述如下：以移动 Agent 为任务的执行主体，由用户在工作流环境中设定特定的目标任务（携带工作流说明），依据工作流工作位置提供的各种服务，不断地迁移到不同的工作位置，向服务提供者提出服务请求，并协商任务的解决；处理完成后，依据处理结果再继续迁移。

相比较传统的工作流来说，迁移工作流具有如下特点：

（1）降低网络通信量，减轻网络负载，从而提高了工作流系统效率。

（2）可以异步性工作，即当任务加载执行后，能够很好地处理断开和移动的操作。

（3）迁移工作流的迁移实例可以是不完善、不规范的，可以和本地系统，以及用户进行一系列交互，如果发现缺失的任务或者是数据，可以及时获取所需的内容后继续执行。

因此，迁移工作流进一步扩展了传统分布式工作流管理系统的无中心特性，增加了工作流管理系统对异步消息、异步事务和长事务的支持，提高了工作流管理系统的事务处理能力，有效改进系统的可用性、可扩展性和容错能力，以及减轻网络传输负担和增加对移动用户的支持等。

2.2　移动 Agent

2.2.1　Agent 的概念

Agent 的概念最早是由 Carl Hewitt[2] 在并发 Actor 模型中提出的，后来这一术语逐渐得到广泛应用，用以描述处于某种复杂动态变化的环境中，能够自动感知环境信息，并自主采取行动，完成预先设定的一系列目标或者任务的软件体。

在此之后，许多研究者逐渐展开对 Agent 的研究，并从不同角度对 Agent 进行了定义。

（1）IBM 公司在智能 Agent 战略白皮书[3]中的定义：

Agent 是代表用户或另一个程序执行一套操作的软件实体，它们有能够依据自身的某些知识以及用户设定的目标或愿望，在某种程度上自主或独立的完成任务的能力。

（2）MIT 媒体实验室的 Pattie Maes[4]认为：

自主的 Agent 是指处于某种复杂动态环境中，自治地感知环境中信息，自主采取行动，并实现一系列预先设定的目标或任务的计算系统。

（3）英国著名 Agent 理论研究者 Wooldrige[5]：

提出关于 Agent 的"弱定义"和"强定义"概念。即一个 Agent 最基本的特性应包括：自治性、反应性、社会性、能动性、其行为符合理性要求，这五条判定准则构成了 Agent 的弱定义；而强定义下的 Agent 还应具有如移动性、自适应性、通信能力（包括协作和协调等）等特性以及一些如知识、信念、承诺、意图、义务等人类才具有的特性。

可以看出，Agent 一词涵盖的范围很广。一般而言，Agent 被看做是用来设计完成某类任务的、能在一定环境中有生命周期的、可以自主控制行为的、可以移动的计算实体。

Agent 具有如下几个重要特性[6]：

（1）自治性（Autonomous）：不需要外界的人或者其他目标的干预，能够自动地对自己的行为和状态进行调整（Agents operate without the direct intervention of humans or other goals，and have control over their actions and internal state），而不是仅仅被动地接受外界的刺激，具有自我管理自我调节的能力。

（2）社会性（Social）：Agent 具有与其他 Agent 或人进行合作的能力（Agents interact with other agents via some kind of agent-communication language）。不同的 Agent 可根据各自的意图与其他 Agent 进行交互，以达到解决问题的目的。

（3）反应性（Reactive）：能对周围外界环境的刺激作出及时反应的能力（Agents respond in a timely fashion to changes that occur in their environment）。

（4）能动性（Pro-active）：对于外界环境的改变，Agent 能主动采取活动的能力（Agents show goal-oriented behavior）。

（5）适应性（Situated）：Agent 能积累或学习经验和知识，并修改自己的行为以适应新环境（Agents are placed in，and interface with an environment）。

我们认为：Agent 是一个软件或硬件计算实体，它能够代表用户的利益而自主地完成用户交给的任务。这种定义是开放的，不同的研究人员根据应用的不同，可以加入自己对 Agent 的理解。

2.2.2 移动 Agent 的概念

20 世纪 80 年代初期，远程过程调用（Remote Procedure Call，RPC）出现并逐渐成为一种当时 C/S 模式下的主流通信方式。之后，人们将代码和有关的数据封装在对象中，提出了移动对象（Mobile Object，MO）的概念，即利用对象在网络节点间移动实现特定的任务。

在上述研究的基础上，人们逐渐研究利用一个特定软件体完成任务，称其为移动 Agent，同其他各类 Agent 不同，移动 Agent 的主要应用领域是分布式计算，由于与 Agent 具有相似性，所以移动 Agent 可以充分利用其他 Agent 的研究成果。

在整个移动 Agent 计算环境中，任何一个能够计算的实体称为 Agent，它是一个能够同外部环境进行交互、自主运行的程序；同时，多个 Agent 之间也可以实现相互的协作，以实现共同的目标。

当然，移动 Agent 与多 Agent 系统也具有本质的区别：即移动 Agent 计算环境中的一些 Agent 具有移动性，能够在异质网络环境下，依据自己的意愿在节点之间迁移，也就是说，这些 Agent 可以在一台机器上挂起，然后迁移到其他机器上恢复继续执行。

图 2-1 给出了移动 Agent 模式与 Client/Server(C/S)模式的比较。

由图 2-1 可以看出，相对于传统的 C/S 模式，移动 Agent 模式具有如下特点[7]：

（1）在计算环境中，计算实体可以自主地迁移计算环境，而不再是静止的和被动的。

（2）网络上传递的不仅是数据，计算实体本身也是可以迁移、可以移动的。

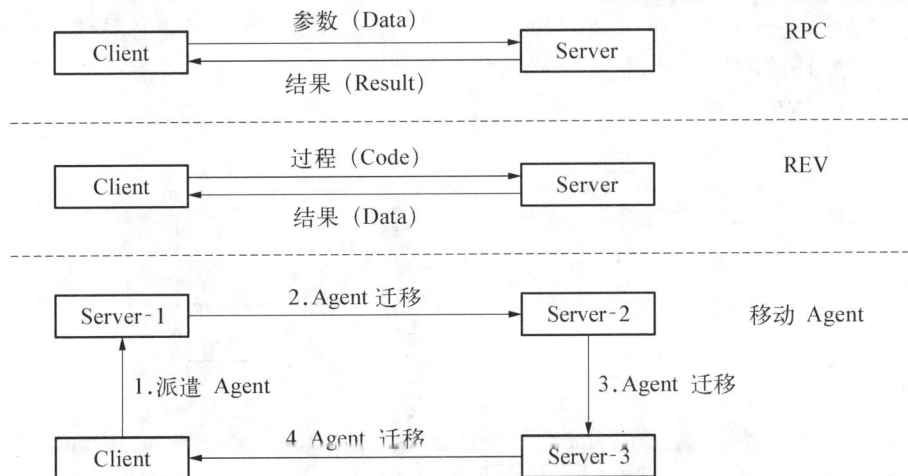

图 2-1 移动 Agent 模式与 C/S 模式

（3）由于移动 Agent 处于一个开放的计算环境，任何人都可以依据自己的要求，发布移动 Agent 进入运行环境，作为用户的代理采集信息，订制服务以及辅助计算等。

（4）移动 Agent 模式还可以动态适应环境的变化，不断调整自己的行为，从而避免在不可靠的网络上进行远程交互和数据传输等。

通过以上的分析，我们对移动 Agent 给出如下的定义：移动 Agent 是一个能够在一定的计算环境中，依据预先设定的用户任务，通过与计算环境的交互，自主地在运行环境中迁移的软件实体。

2.2.3 移动 Agent 模型

模型是对现实世界的客观反映。移动 Agent 模型则是对移动 Agent、运行环境及其运行机制的完整解释，是对移动 Agent 系统的整体描述，主要包括：移动 Agent 的生命周期、交互机制以及迁移机制等多方面内容[7]。

一般来说，移动 Agent 模型将 Agent 分为两类，分别称之为：移动 Agent（Mobile Agent）和服务 Agent（Service Agent）。

（1）移动 Agent：具有自主迁移能力的 Agent，能从一个设备迁移到另一个设备，这是移动 Agent 模型的主要特点，也正是这一迁移能力将跨网络的交互变为了本地的运行，从而增强了整个计算的灵活性。

（2）服务 Agent：本身不能迁移，仅在被创建的计算机节点上运行，对外提供服务。比如，服务 Agent 可以作为资源的外部结构，提供底层资源的访问服务，与本地用户交互完成特定的功能。

为了描述方便，并对所有 Agent 进行互相区分，所有 Agent 都拥有一个全局唯一的标识（Global Unique Identifier，GUID），这一标识符在它的生命周期内不会被改变。

此外，在移动 Agent 模型中引入了工作位置（Working Place，WP）或者计算节点（Computation Node，CN）的概念，用以描述一个能够管理自身资源，并能提供服务并负责移动 Agent 的生命周期管理的抽象位置，它独立于硬件设备本身，是移动 Agent 运行以及交互的场所。一个位置总是位于某一个单一的设备上，而一个设备上可以存在多个位置。对于移动 Agent 来说,一个移动 Agent 看到的仅仅是位置和服务,而不用关心具体的硬件设备,从而屏蔽了底层环境的异质性,提高了模型的灵活性。

移动 Agent 模型如图 2-2 所示[7]。

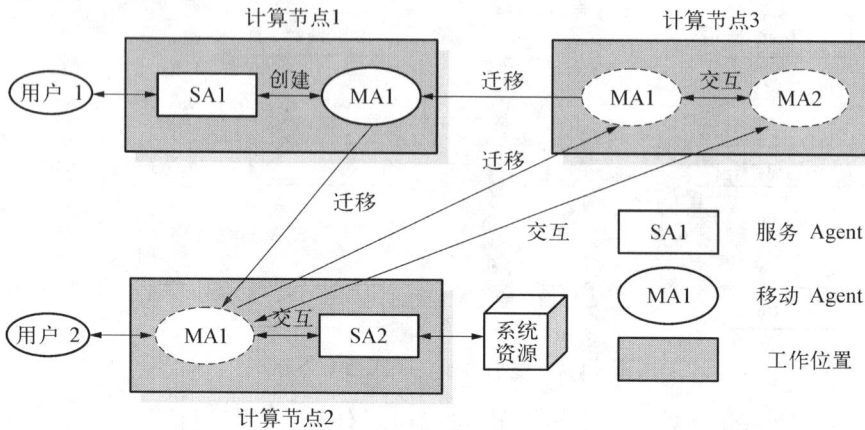

图 2-2　移动 Agent 模型

2.3　迁移工作流系统

依照国际工作流联盟的规范,工作流是业务流程的全部或者部分自动化执行过程。在工作流研究过程中,一个业务流程通常要分解为若干定相对独立的子过程,并用业务过程之间的关系表示工作流执行的顺序。同样的,迁移工作流的研究也要遵循上述规范。

2.3.1　迁移工作流模型

在本小节中,将给出文献[8]提出的迁移工作流模型,该模型基于移动 Agent 技术,适用于业务环境经常变动以及业务过程不能被完全定义的工作流系统,其基本思想是:定义一个可以迁移的工作流实例(Migrating Instance,MI),为其编写一个过程化的工作流说明,定义业务过程的活动、活动之间的转移逻辑,以及每一步活动所需要的资源和服务;同时,通过在不同的计算节点之间迁移,它可以向工作站提出服务请求,本地工作站在收到服务请求后会依据自身的资源以及任务负载处理这些请求。一旦任务执行完毕,迁移工作流实例即返回;否则,出现异常,如关于系统状态改变的异步通告,则由工作流引擎负责处理。

定义 1　业务过程(Business Process,BP)

业务过程是一个五元组(BPid, G, A, R, C),其中:

(1) BPid 是业务过程标识,在整个工作流系统中具有唯一性。

(2) G 是业务过程 BP 的目标。

(3) $A = \langle \{a_1, a_2, \cdots, a_n\}, AR \rangle$,其中,$a_i = \langle \{step_1, step_2, \cdots, step_k\}, SR \rangle$ 表示活动;$i=1, 2, \cdots, n$,$Step_j$ 是工作步骤,$j=1, 2, \cdots, k$,SR=(causality, iteration, and-split, and-join, or-split, or-join)是定义在 a_i 上的工作步骤关系;AR=(serial, parallel, feedback)是定义在集合 A 上的活动关系。

(4) $R = \langle \{r_1, r_1, \cdots, r_m\}, \{a_i X r_j\} \rangle$ 是与 A 关联的资源集合,其中 $a_i U r_j$ 表示活动 a_i 使用

资源 r_j，a_iCr_j 表示活动 a_i 产生资源 r_j，$i=1,2,\cdots,n$；$j=1,2,\cdots,m$。

（5）C 是定义在 A 和 R 上的资源协调机制，用于解决活动进行期间的共享资源冲突。

到目前为止，对什么是迁移工作流研究界尚未给出一个统一的定义。基于移动计算范型和国际工作流联盟的定义，将业务流程的全部或部分自动化解释为多个迁移实例之间的分布式协同过程，每个迁移实例执行一个目标相对独立的业务过程 BP。

定义 2 迁移工作流（Migrating Workflow，MWF）

迁移工作流 MWF 是一个四元组（W_{id}，MI，WP，Engine），其中：

（1）W_{id} 为迁移工作流标识。

（2）MI＝{mi_1，mi_2，$\cdots$，mi_n} 是工作流系统中迁移实例的集合，每个迁移实例 mi 都代表一个相对独立的业务过程，实现特定的业务目标。

（3）WP—{wp_1，wp_2，$\cdots$，wp_m} 是所有迁移实例可能的工作位置集合。

（4）Engine 是面向业务流程目标的工作流引擎。一般来说，工作流引擎的职责包括：负责整个工作流系统组织和管理；能够依据业务流程的总目标和子目标，规划何时、何地以及如何创建或派生迁移实例等。

定义 3 迁移实例（Migrating Instance，MI）

迁移实例 mi∈MI 是一个八元组（mi_{id}，TL，t，MP，p，S，ToL，MC），其中：

（1）mi_{id} 为可认证的迁移实例标识。

（2）TL＝（{⟨t_1，R_1，S_1⟩，⟨t_2，R_2，S_2⟩，$\cdots$，⟨t_n，R_n，S_n⟩}，Schedule）是迁移实例携带的任务说明书，包括任务列表{⟨t_1，R_1，S_1⟩，⟨t_2，R_2，S_2⟩，$\cdots$，⟨t_n，R_n，S_n⟩}和任务调度 Schedule 两部分。其中，任务 t_i 对应 BP 中的活动 a_i，$i=1,2,\cdots,n$。

（3）t 为迁移实例 mi 当前正在处理的任务，t∈TL。

（4）MP 为允许 MI 迁移的工作位置集合，MP⊆WP。

（5）p 为迁移实例 MI 当前所处的工作位置，p∈MP。

（6）S 为迁移实例 MI 当前状态。

（7）ToL 为迁移实例 MI 的生命周期。

（8）MC 为迁移实例 mi 的工作机，包括任务执行与中止、多任务协调、当前工作状态捕获、当前位置上资源与服务的可满足性检测、迁移查询、决策与迁移、自身安全保护等。

定义 4 工作位置（Working Place，WP）

工作位置 WP 是一个是一个四元组（wp_{id}，WPS，WPR，WPC），其中：

（1）wp_{id} 为可认证的工作位置标识。

（2）WPS＝{⟨wp_1，$server_1$⟩，⟨wp_2，$server_2$⟩，$\cdots$，⟨wp_n，$server_n$⟩} 是 WP 为所有迁移实例 MI 提供的工作流服务集合，每个工作流服务包括服务能力 ws 和服务主体 server 两部分，服务实体可以是人、计算机程序或其他工具。

（3）WPR＝{wr_1，wr_2，$\cdots$，wr_n} 是 wp 为迁移实例提供的资源集合。

（4）WPC 是 WP 的服务引擎，功能包括接受迁移实例的查询并做出应答；迁移实例的认证、接受与激活；本地服务与资源的调度、执行与协调；本地安全保护等。

2.3.2 迁移工作流系统框架

图 2-3 给出了一个迁移工作流的系统框架。

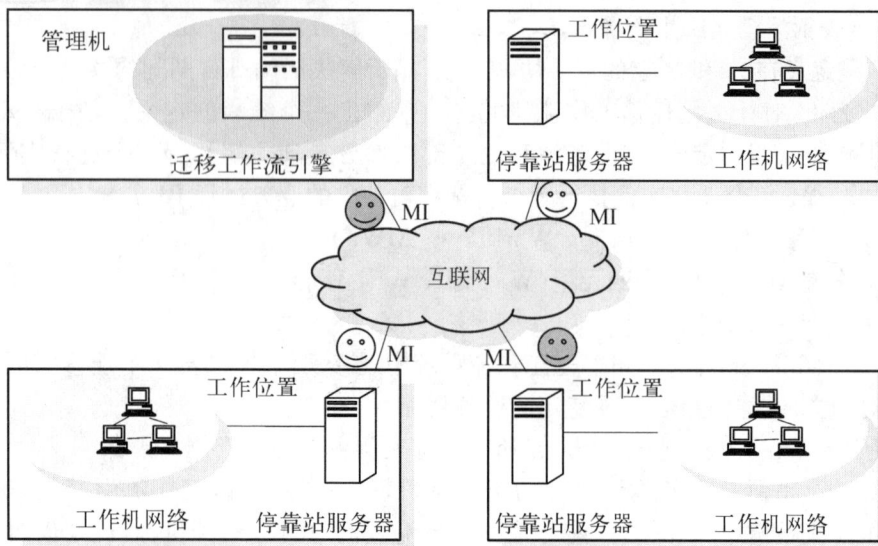

图 2-3　迁移工作流系统框架示例

从图 2-3 中可以看出,迁移工作流包含以下的属性:

(1) 迁移工作流实例(Migrating Instance,MI):一个迁移工作流实例包含一个业务过程的规范和与该实例相关的所有工作流数据,具体来讲,它携带了工作流任务执行的相关数据和控制数据,以及该实例的运行日志。业务过程的规范是对本地服务的一个请求集合和部分执行规定,每个服务请求对应一个执行工作站,当前的工作站的任务执行完毕,迁移工作流实例就要进行迁移。一个工作流实例的服务请求集和所关联的工作站也可以在工作流运行时动态的修正。

(2) 工作位置(Work Place,WP):工作位置是迁移实例任务执行的场所,负责为来访的工作流实例提供服务,因此,工作位置可以看做是资源或者服务的提供者,每个服务代表当前工作站可以处理的任务类型,这些任务可以自动执行,也可能需要与用户进行交互,或者两者的结合。一般来说,每个工作站可以提供不同类型的服务,如打印、计算等,这些服务要注册到工作流引擎的服务目录列表中,工作流设计时可以在工作流引擎中搜索出满足执行该服务条件的工作站列表。工作位置会指定相应的规则与策略以保证系统的正常运行,比如对于迁移工作流实例的任务分析、时间变量处理,以及本地数据源的状态等。工作站对于工作流实例的服务请求可以接受;也可以依据任务的执行情况拒绝。不论是接受还是请求,都会将执行结果,比如一个数据集或者一个错误信息返回给工作流实例。如果工作流实例在工作站运行过程中发现缺失的任务或者数据项,可以挂起当前任务的执行,通过与迁移工作流引擎的交互,重新获取所需的数据后返回继续执行。

(3) 事件(Event):事件是引起工作流实例或者工作站活动的通告,它可以影响工作流系统的运行,比如,当银行账户上的金额小于最低值时,工作流事务要回滚;而当事件影响了服务请求时,事件也可以被工作站接收和处理。

(4) 日志(Log):工作流日志主要用于记录工作流系统中的活动信息,目的是一旦发生逻辑错误时可以通过活动日志进行恢复。同时,工作流实例自己携带活动日志,当迁移至某一工作站时要在工作站中备份,以便将来进行恢复或工作流实例的重新生成。

2.3.3 一个迁移工作流系统的例子

图 2-4 给出了一个迁移工作流系统网上订票的实验例。系统包含：顾客、商店 1～N 和商品配送中心 M 等，系统包含三类迁移实例：询价实例 M_1、订货实例 M_2 以及配送实例 M_3。各迁移实例的功能如下：

（1）询价实例 M_1：主要功能是在不同的商店间问询某一特定商品的价格，并将查询结果返回。

（2）订货实例 M_2：主要功能是一旦确认订货，要确定订货的名称、数量以及折扣等。

（3）商品配送实例 M_3：主要功能是解决订货发出后如何设定相应的配送形式。

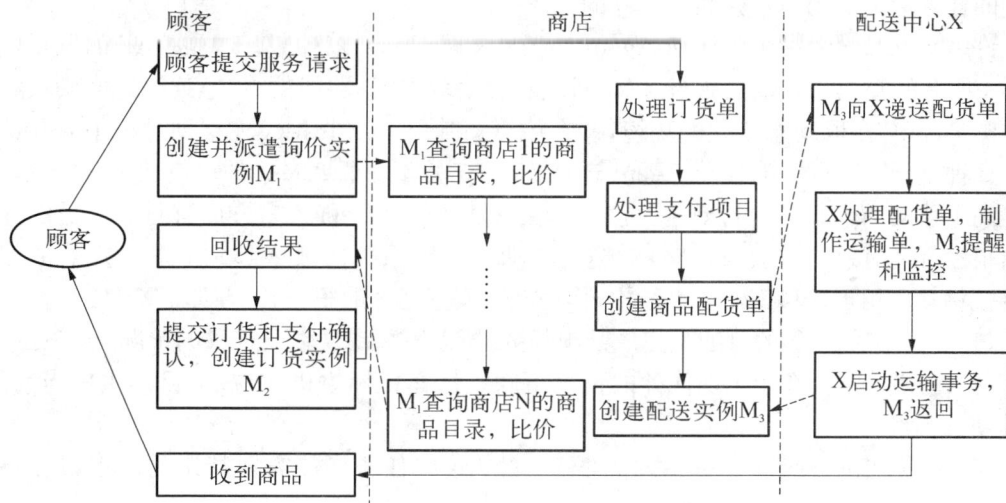

图 2-4　迁移工作流系统示例

系统的主要工作步骤可描述如下：

（1）顾客填写商品购买任务书，该任务书包含商品名称、商品数量、日期等约束条件，以此创建询价迁移实例 M_1。

（2）M_1 携带商品购买任务书，按照预先设计的顺序遍历商店 1～N。对于每个商店，M_1 首先调用商店停靠站提供的商品查询操作，然后自行完成价格比较，最后携带当前价格最低相关的商店信息，包含商店 URL、商店名称、商店地址、商店 E-mail、商品价格、商品说明、付款方式、质量保证、售后服务、货运方式等，继续迁移。在问询过程中，一旦发现某家商店的价格低于当前商品价格，则更新最低价格商店信息，直到商店 1～N 被遍历完毕为止，M_1 返回到顾客站点。

（3）顾客根据 M_1 提供的商品价格结果，创建订货迁移实例 M_2，并由 M_2 向目标商店 A 递送订货单和支付确认。商店 A 接到顾客的订货单和支付确认后，进行订货单、支付科目、发货单处理，并创建配送迁移实例 M_3。之后，M_2 在 A 驻留直至货运开始。

（4）M_3 迁移至商品配送中心 X，并向 X 递送发货单和货运说明（例如配货地址、配货时间、交付时间、货运注意事项等）。X 收到来自商店 A 的配送任务后，处理发货单并安排货运事务。货运事务一经启动，即告知 M_3，M_3 立即返回至商店 A，并将货运启动事件通知 M_2，M_2 随即返回至顾客站点，提醒顾客进行验收准备工作。如果 M_3 长时间没有收到货运启动告知,则对配送中心提交提醒事件。

（5）货品验收成功后,顾客同时向商店 A 和配送中心 X 反馈购物成功消息,至此,一次购物过程结束。

2.4 迁移实例的迁移策略

有关迁移实例的迁移策略,即迁移实例如何依据自身的任务、网络的软硬件环境和/或其他约束条件规划出最佳的迁移目的、迁移路线等问题是迁移工作流系统的核心问题之一。迁移策略的优劣直接影响到迁移实例任务的完成乃至迁移工作流系统的性能。因此,迁移实例的迁移策略受到学术界和工业界的广泛关注。

许多专家和学者沿用了移动 Agent 的迁移策略。如文献[9]基于"旅行图"的概念,依据 Agent 拥有的知识和以往的旅行经验可以自主地修改迁移路线的方法,通过感知模块和"资源监测 Agent"获取动态变化的环境,并在旅行图基础上减少 MA 在移动过程中的开销,给出了 3 种基于"旅行图"的移动 Agent 迁移策略,充分体现了 Agent 的反应性和自主性,有效地提高了移动 Agent 的执行效率。该工作在移动 Agent 迁移策略方面进行了有益的探索,提出很多行之有效的方法与策略,对提高移动 Agent 系统的效率起到了非常重要的作用。但直接将其应用于迁移工作流系统中,作为迁移实例迁移的策略,存在如下不足:

（1）迁移实例迁移的目的是完成某项任务,所以不会出现强弱迁移的情况。

（2）在多个主机都能实现任务的情况下随机选择目标主机,忽视了目标主机当前的忙闲等动态要素。

（3）迁移实例可能携带一系列的任务,实现这些任务可能需要特定的顺序,这与移动 Agent 仅实现某一个任务不同。

针对上述问题,本节拟从两个方面解决迁移工作流中迁移实例的迁移策略问题:

（1）针对 MI 的服务定位问题,提出一个分层结构的迁移工作流服务模式,在对服务进行管理的同时也负责为 MI 导航。

（2）针对迁移目的地的选择问题在充分考虑主机硬件可用度、主机资源以及迁移实例目标与主机提供服务的匹配程度的基础上,提出包含静态和动态等要素在内的目的地主机可用度评估方法,从而确定 MI 的迁移目的地。

2.4.1 迁移实例的服务定位

按照迁移实例就地利用工作位置服务执行任务的工作流管理模式,迁移实例需要知道哪里存放可以利用的服务,哪里可以提供最佳的服务等。迁移实例如何在工作流网络中迅速有效地找到其需要的服务称为服务定位问题,这是其首要解决的问题,这一问题不解决,迁移实例的迁移就没有意义。

参照移动 Agent 中较常用的方法将与服务定位有关的代码置于迁移实例内部,在派遣出之后,独立地在整个网络搜索目标服务。显然这种方法会使迁移实例的体积增大,增加迁移时间,而且让所有的迁移实例携带功能相似的代码也是一种资源浪费,增加了网络负载。更重要的是,迁移实例和服务平台以及其他迁移实例之间缺乏足够的交互性,最终限制了服务定位的性能。本节提出的服务定位方法与移动 Agent 独立搜索服务不同,将服务定位代码从迁移实例中分离出去,变为工作流管理引擎和工作流管理机的组成部分,由它们提供诸如服务注册/定位的支持,从而可为迁移实例导航[10]。

2.4.1.1 迁移工作流系统的服务管理

为避免概念混淆我们预先定义一些术语,这些术语将在后面的叙述中用到。

(1) 运行环境(MI Environment,MIE):是指迁移实例运行时所处的环境,通常有迁移工作流平台提供。

(2) 工作机(Work Machine,WM):是网络中的计算机,能为 MI 提供服务。

(3) 停靠站服务器(Anchorage Server,AS):是指能注册服务并接受来自 MI 查询的主机。

(4) 服务空间(Service Space,SS):是由停靠站服务器管理的一组主机。通常在一个 SS 中仅包含一个 AS。

(5) 服务项(Service Entry,SE):是关于服务特征的信息,每个 SE 代表一个可用服务。

(6) 可用服务列表(Available Service List,ASL):是存储 SE 的数据表。

迁移实例的服务定位模型由停靠站服务器、服务空间、工作机和运行环境共同组成的分级结构。如图 2-5 所示。

在图 2-5 所示的模型中,每个停靠站服务器 AS 负责为当前服务空间内的工作机管理可用服务列表。例如,在服务空间 A 中,停靠站服务器 A 可被三台工作机(工作机 A_1,A_2,A_3)提供的服务注册。因而,停靠站服务器能在任何时候了解到关于这些服务的信息。

在该模型中,工作机能动态加入或者退出一个服务空间。假设一台新主机 N 企图加入服务空间 A,它首先向停靠站服务器 A(服务空间 A 的管理者)派遣一个携带服务项的注册请求 RR(步骤 1)。当 RR 抵达 A 后,它向 A 送出一个注册请求(步骤 2)。停靠站服务器 A 依据其负载情况和当前管理的主机数量做出决定是否接受此请求(步骤 3)。如果停靠站服

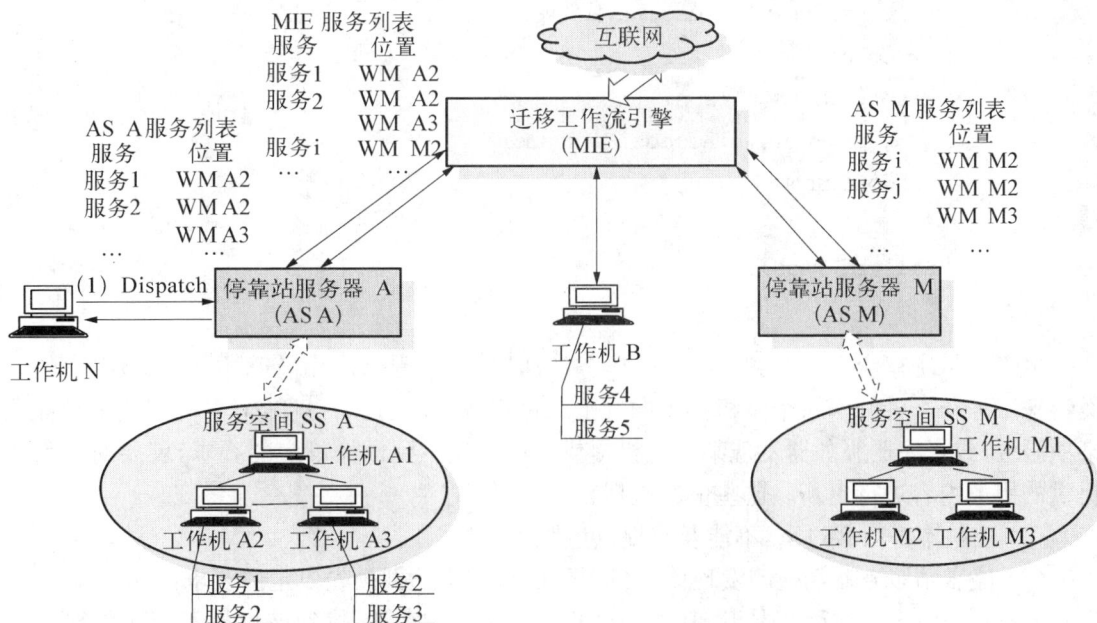

图 2-5 迁移实例服务定位模型

器 A 接受,它向工作机 N 送回一个 ACCEPT 应答,并将该服务添加进 SL 中。这样一来工作机 N 和它所提供的服务就成为服务空间 A 的成员。

但也存在另一种情况,由 N 派遣出的注册请求会被 AS A 拒绝。假如 AS A 的负载或是其管理的主机数量超出可承载的程度,AS A 会将该注册请求 RR 导向上级 AS(如图 2-5 中的 MIE)。一旦 MIE 接收到这样的一个转移来的 RA,它把注册请求在当前的 SS 范围内广播(步骤 4)。如果有任何下级 RS 返回 Accept 应答(步骤 5),A 将此应答连同该 RS 的地址信息一起送至 N。随后,N 和它所提供的服务可以向接受请求的目标 RS 注册。另一方面,若所有下级 RS 拒绝该请求,A 会尝试自己接受该请求(步骤 6)。如果能成功的话,A 发送 Accept 应答给 N。若 A 也拒绝该请求,它将向 RA 导向上级 RS 去处理。

算法 2-1 服务注册算法:

```
RegisterMachine(s,WM,SS)
{
  WM.dispatch(req,s);
  If(SS.Accept(req)) {
      SS.AppendToSL(s,req);
      SS.Reply(WM,ACCEPT,s);}
  Else {
       While(NotTimeOut(req) && (Exist(SS.rs)) {
          SS.Forward(s,WM);
          SS.Parent.Broadcast(s,WM);
          WaitForAck(ACK);
          If (ACK = = Accept){
              P_rs.Reply(WM,Accept,ACK);
              Goto Stop;
          ElseIf(Map(s,p_rs.sl){
              P_rs.Reply(h,Accept,P-rs.addr);
              Goto Stop;}
  Stop:
          Kill(ra.reqs);
  }
```

尽管与传统概念上的服务有区别,"服务注册"也可被看做是由特殊主机(AS)提供的一类特殊服务(S)。因此,每个主机都可向其上级进行服务注册。一旦某个主机不能正常提供某项服务,或者注册服务器发现某个主机提供的服务达不到预先设定的要求,就要对该系统提供的服务内容进行更新。这些情况包括:

(1)主机本身负载过重,不能及时提供该服务 s。

(2)停靠站服务器经检测发现该主机提供的服务未达到预先设定的要求。

(3)其他原因。这种情况下,基本的处理的方法包括:① 找到该主机不能正常提供服务的原因,并进行修复;② 直接将该主机提供的服务 s 从服务列表中删除。在实际应用中,方法②较为简单。

2.4.1.2　服务项的内容与标识

服务项的实质是对一项服务的集中描述,因此对服务定位模型的性能来说服务项的内容描述详细与否直接决定搜索命中率的高低。尽管可以在服务项内包含尽可能多的服务特征,但那样会额外占用存储空间和搜索时间。因此,需要在存储搜索代价和定位性能之间找到折中。

一个服务项一般包含以下内容:

(1) 服务名称(Name):名称的设置只是为了方便引用,不需全局唯一。

(2) 服务标识(ID):与名称不同,ID 是最重要的关于服务的信息,同时也是服务调用函数的句柄,必须全局唯一。

(3) 服务目标描述(Goal):描述调用该服务后达到的预期目标。

(4) 服务类型(Type):当前服务所属类型,方便分组与搜索。

(5) 服务期望值(Expected Goal):MI 调用服务后期望得到的结果,此域的值在不同情况下可能有不同的形式。

(6) 服务质量(Quality):服务满足用户需要的程度,可以作为在一组相似服务中排序的标准。

(7) 服务位置(Location):服务提供者的网络地址,可以是域名或者 IP。

对服务定位模型来说,一个关键问题是怎样对网络上的众多服务进行标识,从而使得它们能被正确有效地定位。在此引入下述方法:

服务 ID 由两部分组成:共享域地址(主机地址+端口号)和本地名称(Local_ID)。

假设有工作机 h(202.93.73.9;Port:4389)提供一项服务 s,服务 s 的 ID 标识为:202093073009_4389_s。由于每台主机来说共享域地址是唯一的,只要确保每个服务有一个本地唯一名称,这种方法就能保证该服务完整 ID 的全局唯一性。

2.4.1.3　服务定位

迁移实例的服务定位的基本步骤可以描述为:MI 首先向停靠站服务器 AS 送出关于目标 g 的查询(que_g)。如果 que_s 内包含的 SE 与目标 g 吻合,则一个肯定应答连同 s 的位置信息将被送回给 MI,否则查询会被转向上一级的工作流引擎。当上一级接收到这样一个转移过来的查询,它在当前的 AS 中进行广播。如果有任何 AS 回应一个肯定回答,则将该应答连同查询到的服务地址信息送回 MI。若在当前 AS 内没有回应,该查询将转向上一级 AS 进行处理[11]。

2.4.1.4　相关研究

Travel Plan(TP)是整合的注册服务搜索模型[12],核心思想是顺序访问,每个域保存一个列表顺序存储该域内主机的地址。由于采用的是盲目搜索,TP 的性能可从概率分析得出。假设迁移实例 MI 企图在规模为 n 台主机的网络中搜索服务 s,则该 MI 能在它第一次访问某台主机时就能找到服务 s 的概率为 $1/n$,这一数值随网络规模扩大而减小。在算法 2-1 中,搜索总是在一个较小的范围内(当前 SS)内被执行。只有在当前 AS 返回拒绝应答时,搜索才在一个更广的范围内执行(上级 SS)。此外,与 TP 中的顺序访问所有主机不同,在我们的模型中,MI 可仅通过一次查询明确知当前 AS 内是否存在目标任务。假定有规模为 n 的网络,其中的主机和 RS 平均分布于 m 个 AS 内,则每个 AS 内有 $(n-1)/(m-1)$ 个

主机和一个 RS(假设存在一个顶级 RS 与所有下级 RS 相连)。MI 在首次查询就可发现目标服务的概率为

$$\left(\frac{n-1}{m}-1\right)\times\frac{1}{(n-1)-m}=\frac{1}{m}$$

该值仅取决于 SS 的数量。即使网络中加入了更多主机,只要 AS 的数量保持不变,该概率就不会减小。

2.4.2　迁移实例的目的地选择

在 2.4.1.3 节中提出的迁移实例目标服务定位是为 MI 的任务进行服务定位。在实际的应用环境中,服务定位的结果可能有不止一台目标主机可以满足 MI 的要求,能够提供其需要的服务。MI 面对的问题就是如何从这些潜在目的主机中选择一个作为其迁移目的地,而做此选择的一个通用标准是选择拥有最高"可用度"的主机使得 MI 尽可能获得最佳运行性能[13]。

比如,假设当前 MI 需要定位的任务集合 $t=\{t_1, t_2, \cdots, t_m\}$,任务 t_i 的服务定位结果为 $\{H_{i1}, H_{i2}, \cdots, H_{im}\}$,则 MI 应该怎样评估这些主机的可用度来确定哪一台最适合运行,可以作为其迁移目的地。

迁移实例的目的地选择问题,一方面涉及运行环境的各个方面,比如 I/O 负载,CPU 处理能力,内存数量,磁盘效率,以及网络状况等硬件条件;另一方面还涉及迁移目的地能否尽可能多的提供目标服务,以满足目标集合中的多个目标,减少迁移实例迁移的次数。针对这一问题,一个常用的解决方案是随机选择主机 H_i,让 MI 迁移到该工作机上,这种方法的缺点是随机性太强,有时会导致迁移失败;另一个解决方案是利用主机特征参数作为标准进行可用度评估,但是目前为止还没有比较行之有效的方法用来衡量每项特征参数在整体评估中占的比重。一般来讲,根据关于特征参数值和 MI 运行性能之间关系的经验可以为每种特征值分配一个系数,进而通过计算特征值的加权和得出一个综合数值,该值在某种程度上反映主机运行环境的可用度。这种方法的缺点在于其主观性,有时会引起误差使得结果与实际情况相背离。

在充分考虑主机硬件可用度、主机资源以及迁移实例目标与主机提供服务的匹配程度的基础上,提出一种迁移实例目的地可用度评测模型:

$$V(H_i) = aS(H_i) + bD(H_i)$$

式中:

$V(H_i)$ 表示主机 H_i 的评测度值;

$S(H_i)$ 是由主机 H_i 的计算机特征值,是一个静态值,它在某种程度上反映了主机 H_i 的运行环境的硬件配置;

$D(H_i)$ 是对主机 H_i 运行环境的未来变化趋势进行的某种程度的预测,是一个动态值,反映了当前主机 H_i 的资源耗用量,即忙/闲程度。

a,b 分别表示两个特征值在 $V(H_i)$ 中所发挥的作用,称为权重。一般来说,要求两个值的和为 1。

2.4.2.1　$S(H_i)$

$S(H_i)$ 用于描述主机硬件可用度,它主要涉及运行环境的各个方面比如 I/O 负载,CPU

处理能力,内存数量,磁盘效率以及网络状况等。这些都是能影响迁移实例运行性能(通常用运行时间衡量)的关键因素。

迁移工作流引擎 ME 在它创建的每种类别的 MI 内部嵌入一个神经网络函数和一个训练集文件。该函数的输入是主机特征参数值,输出预测的 MI 在该特征环境下的运行时间,其目的是用来确定主机特征值和 MI 运行时间之间的关系。当 MI 离开出发地抵达目的地之后,它先从目的主机采集一组特征参数,随后启动运行,并在完成运行后计算所花费的时间。当它返回出发地后,采集到的信息被添加进训练集用来训练网络,随着越来越多 MI 的返回,积累的信息也逐渐增多。当网络被充分训练后,从特征参数值到此类 MI 运行时间的映射关系可被确定。对于以后派遣同类 MI,只需从潜在目的主机采集同样的一组特征参数输入神经网络。通过比较不同主机输出的预测运行时间,选择最短运行时间的主机作为衡量土机硬件可用度的度量[14]。

2.4.2.2　$D(H_i)$

$D(H_i)$ 用于描述对于运行在动态变化的主机环境中的 MI 程序来说,是当前主机 H_i 的状态,即反映主机当前能否提供足够的资源。神经网络的方法并不适合于确定 $D(H_i)$,因为主机的状态是动态变化的,频繁的主机探测状态要牺牲不小的性能代价[15]。

我们用与 MI 运行相关的主机资源的耗用量(或可用度)来衡量主机状态,比如当前 CPU 利用率、网络带宽、串口数量等。一般认为,只有当主机状态中涉及的所有资源都可用时,该主机状态才适合 MI 运行。这样一来,关键的一个问题是 MI 如何判断一种资源对于自身运行是否可用。用 r^{th} 来表示资源 r 的可用度阈值(Availability Threshold)。当一种资源的耗用度低于 r^{th} 时被认为可用,而当耗用度超出该阈值时认为该资源对于 MI 运行不可用,后一种情况下,MI 有必要迁移到另一台更合适的主机继续运行。

我们将系统时间看做是由微小单位时间(Unit Times)构成。这样的一个单位时间是 Agent 计算资源耗用情况并做迁移决定的常规周期。尽管实际中的网络是连续时间系统,但只要取的单位时间足够小,在此基础上得到的结果将会接近对一个连续时间系统直接分析得出的结果。

p_{ri}:是资源 r_i 的耗用量在某个单位时间内落在 $[r_i^{min}, r_i^{th}]$ 内的概率。

P_{ri}:表示在 MI 的剩余运行时间内(假设为 l 个单位时间),资源 r_i 的耗用量总是在范围 $[r_i^{min}, r_i^{th}]$ 内的概率。显然,如果对应于每一单位时间的 p_{ri} 都相同的话,则 $P_{ri}=(p_{ri})^l$。

利用一个概率模型来让 MI 实现对迁移的判定,该方法基本思想如下:对于主机状态涉及的每种资源,用耗用量的概率分布对其变化趋势建模。在每个时间步 T_i,算法可获得关于近期资源耗用的最新统计数据,并在此基础上对概率函数进行修正。同时,MI 预测其剩余运行时间(用单位时间的数量来衡量),并将该数值传给主机。主机可计算对于每种资源的 p_{ri} 和 P_{ri}。此外,P_c^s 和 $\overline{P_c^s}$ 也同时被计算。$\overline{P_c^s}$ 是 MI 做出迁移决定的参考。假如它比预先规定的基准低,MI 可认为在其剩余时间内主机状态的变化不会对其产生影响。否则的话,MI 应该迁移到另外一台更合适的主机来完成剩余的任务。我们采用预测任务完成时间作为目标主机动态状况的度量。

2.4.3　实验

本节将通过实验验证提出的迁移策略的有效性。实验主要通过对主机性能的评价,说明迁移策略与随机选择方法的优劣。

作为初步研究,我们设计让 MI 计算两个 100 阶矩阵的乘积并将所有中间数据写入一个磁盘文件。虽然这只是一种较简单的情况,从实验得出的结论同样适用于复杂的情况。

首先在每台主机上随机启动一些程序用以区分不同的工作机性能;依次在选定的六台工作机 H1,…,H6 上进行评价,记录 $S(H_i)$ 和 $D(H_i)$。

从表 2-1 中可以看出不同的主机其静态性能指标和动态性能指标具有较大的差异。与采用随机方法相比,在实际迁移时选择 $V(H_i)$ 较小的目的主机能有效提高系统的效率。

表 2-1 各目标机可用度评测结果

工作机	$S(H_i)$	$D(H_i)$	$V(H_i)$
H1	41.8	26.1	67.9
H2	40.7	23.3	64
H3	44.6	24.9	73.9
H4	45.7	28.2	73.9
H5	51.4	26.4	77.8
H6	48.6	28.3	73.9

2.5 本章小结

本章首先给出迁移工作流的概念,然后以移动 Agent 技术为基础给出迁移工作流系统框架。迁移实例的迁移策略在整个迁移工作流系统的整体性能表现中起非常关键的作用。针对迁移实例迁移时遇到的服务定位、迁移目的地选择等问题提出了新的解决方案:在服务定位方案中,提出了一个模型让 MI 对网络上的服务进行定位。该模型是分层结构的注册服务器集合,它们负责对服务进行管理并为 MI 导航;在目的主机可用度评测方案中,提出了一个包含静态性能和动态性能的评价方法。该方法的有效性通过实验得到验证[16][17]。

下一步的研究中,将对本章中提出的主机性能评测方法增加任务与服务之间的匹配程度进行度量;同时赋予 MI 通过学习来智能选择特征参数进行评测的功能[18-20]。

参考文献

[1] 曾广周,党妍. 基于移动计算范型的迁移工作流研究[J]. 计算机学报,2003,26(10):1343-1349.

[2] Hewitt C, Viewing Control Structures as Patterns of Passing Messages, Artificial Intelligence,1977, 8(3):323-364.

[3] Harrison C G, Chess D M, Kershenbaum A. Mobile agents:Are they a good idea?[M]. Yorktown Heights, New York:IBM TJ Watson Research Center, 1995.

[4] 田永鸿,黄铁军,高文. 基于 XML 和 Mobile Agent 的个性化知识搜索和推荐系统建模与设计[J]. XML:新一代互联网的种子技术,113.

[5] Ciancarini P, Rossi D. Jada:coordination and communication for Java agents[M]// Mobile Object Systems Towards the Programmable Internet. Springer Berlin Heidelberg, 1997.

[6] 杨鲲,翟永顺,刘大有. Agent:特性与分类[J]. 计算机科学,1999,26(9):30-34.

［7］王红. 移动 agent 关键技术研究［J］. 北京：中国科学院研究生院，2002.

［8］曾广周，党妍. 基于移动计算范型的迁移工作流研究［J］. 计算机学报，2003，26(10)：1343-1349.

［9］刘大有，杨博，杨鲲，等. 基于旅行图的移动 Agent 迁移策略［J］. 计算机研究与发展，2003，40(6)：838-845.

［10］高丛. Mobile Agent 的迁移策略［D］. 青岛：中国海洋大学，2004.

［11］范玉顺，吴澄. 工作流管理技术研究与产品现状及发展趋势［J］. 计算机集成制造系统，2000，6(1)：1-7.

［12］Tao J，Liu G. Q，Zhang X Li. Design and implementation of strueturerd mobile agent migration mechanism［J］. Journal of Softwar，2000(11)918-923.

［13］罗海滨，范玉顺，吴澄. 工作流技术综述［J］. 软件学报，2000，11(7)：899-907.

［14］孙瑞志，史美林. 支持工作流动态变化的过程元模型［J］. 软件学报，2003，14(1)：62-67.

［15］丁柯，金蓓弘，冯玉琳. 事务工作流的建模和分析［J］. 计算机学报，2003，26(10)：1304-1311.

［16］吴修国，曾广周，韩芳溪，等. 迁移工作流中的目标规划研究［J］. 计算机科学，2008，35(1)：147-150.

［17］唐卓，刘国华，李肯立. 多域环境下工作流访问控制时序策略组合研究［J］. 计算机科学，2011，38(001)：125-129.

［18］Franklin S，Graesser A，Is it an Agent，or just a Program?：A Taxonomy for Autonomous Agents［M］. Third Int. Workshop on Agent Theories，Architectures，and Language，Springer-Verlag，1996.

［19］Maes P，Agents that Reduce Work and Information Overload［J］. Communications of the ACM，1994，37(7)：31-40.

［20］Wang J，Rosca D. Dynamic workflow modeling and verification［C］// Advanced Information Systems Engineering. Springer Berlin Heidelberg，2006：303-318.

3 面向目标的迁移工作流

对于跨机构、大规模的协同业务过程,掌握完备的业务过程知识是十分困难的。人类行为学研究表明,说明目标比说明过程相对容易。因此,令迁移实例携带面向业务目标的工作流说明,不仅可以减轻迁移实例创建者的知识负担,而且可以通过迁移实例对目标服务的发现,或工作位置对目标服务的推荐等机制,增加工作流路径的柔性。

本章以面向目标的迁移工作流为对象,给出目标的说明定义方法以及目标可满足性推理理论。组织如下:第 3.1 节给出面向目标的迁移工作流定义;第 3.2 节在与/或目标树的基础上,通过引入目标时序约束和可满足性依赖关系,建立具有时序约束和满足依赖关系的与/或目标图方法;第 3.3 节提出了目标可满足性的定性描述与可满足性推理算法;第 3.4 节从定量描述方面讨论目标之间的满足性推理;第 3.5 节给出一个目标描述的例子,表明具有时序约束和满足依赖关系的与/或目标图方法在工作流建模中的有效性;第 3.6 节与相关的研究工作进行了比较;最后是本章小结。

3.1 面向目标的迁移工作流

3.1.1 产生背景

面向业务过程定义迁移工作流利用移动 Agent 技术很好地解决了不同工作流平台间的环境适应问题,可以在一定的程度上解决传统工作流系统在性能及应用上的不足,例如 Wf-Net,Petri 网等,优点是任务及其流转规则直观,缺点是预定义的流程路径缺少柔性。定义完善的流程路径要求设计者掌握完备的业务过程知识和异常的预测能力,对于跨机构、大规模的协同业务过程管理来说,这是十分困难的。

Cichocki 等[1]指出,迁移工作流可以处理不完善的工作流说明,即设计者不需要知道所有的站点、各站点提供的所有服务,或者业务过程涉及的所有步骤或规则,甚至仅仅知道一个大略的目标即可。

社会行为学研究表明,说明完善的行动目标要比说明完善的行动步骤(过程)更容易。因此,在迁移工作流研究中,为了减轻工作流设计者的知识负担,可以采用面向业务目标的工作流定义,充分发挥迁移实例的潜能,令迁移实例自主规划和完成实现目标的步骤。

基于上述观点,工作流说明可以是对一个实际业务过程的部分信息描述,然后在工作流实例生成并付诸实施期间通过工作流站点之间的服务声明不断细化、明晰。因此,在工作流系统中可以通过一个独立的 Broker 发布所有站点及其提供服务的列表,运行时工作流实例可以通过查找服务,获得服务所在的站点名称,从而完成迁移定位以及执行迁移。

基于上述原因,为了克服面向过程的工作流方法的不足,面向目标的迁移工作流方法被提了出来。面向目标的迁移工作流方法可以简述为:给定工作流的初始状态、目标状态和工作流服务的上下文环境,建立一种目标驱动的迁移工作流机制,该机制能够使迁移实例根据工作流目标和自身的知识,通过对工作流服务及其上下文的感知,以自适应方式建立对环境的信念,产生改变工作流状态的愿望和意图,并将意图转化为行为,完成服务发现、服务选择、迁移决策和工作流执行。

在面向目标的迁移工作流中,工作流的执行过程可以理解为工作流状态的变换过程,即从初始状态开始,迁移实例不断地应用服务机构提供的工作流服务,产生下一个状态,直到新状态满足目标要求为止,如图 3-1 所示。

面向目标的迁移工作流主要有两种运行模式:

(1) 两阶段模式。

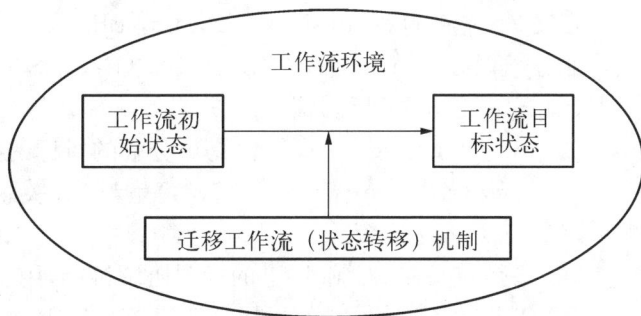

图 3-1　面向目标的迁移工作流方法

两阶段模式是指将迁移工作流管理划分为建模阶段和执行阶段,建模阶段完成业务目标的定义,并对目标可满足性进行验证。一旦目标说明被验证为是可满足的,则创建、派遣和监控迁移实例的运行,进入执行阶段。迁移实例路由可以采取旅行图策略、位置发现策略或位置推荐策略。

执行阶段的迁移实例路由策略可以是旅行图、自主发现或工作位置推荐。

(2) 一阶段模式。

一阶段模式是指迁移工作流管理不再区分建模阶段和执行阶段,迁移实例依据赋予的初始目标,以及对当前环境的感知,边对目标进行规划,边发现目标满足位置,边就地利用位置服务实现目标,直至最终目标得以实现。

显然,一阶段模式要求迁移实例具有更高的智慧和规划能力,其实现难度远远高于两阶段模式。

下面主要在 Agent 目标描述基础上,仅针对两阶段迁移工作流模式,研究面向目标的迁移工作流建模方法,包括业务目标定义方法和目标可满足性验证方法。

3.1.2　面向目标的迁移工作流定义

参照迁移工作流的定义形式,面向目标的迁移工作流可以定义为如下的形式。

定义 1 面向目标的迁移工作流（Goal-oriented migrating workflow，GoMWF）[1]

面向目标的迁移工作流可以描述为一个四元组：（wid，GMI，Wp，Eng），其中：

（1）wid 是面向目标的迁移工作流标识。

（2）GMI＝{gmi_1，gmi_2，…，gmi_n}是迁移实例（简称 gmi，下同）的集合，每个 gmi∈GMI 对应一个独立的业务目标。

（3）Wp＝{wp_1，wp_2，…，wp_n}是工作位置的集合，每个工作位置都可以提供不同类型的服务。

（4）Eng 是面向目标的迁移工作流引擎。

在面向目标的迁移工作流中，工作流依据需要可以将其目标划分为多个目标，每个目标都对应一个业务过程，由一个迁移实例完成。

在工作流中，一般将业务过程看做是由若干个定义完善的活动、资源以及它们之间的逻辑关系组成。在面向目标的迁移工作流中，需要将目标映射为具体的业务过程，由此，引入目标分解方法对工作流状态进行表示。

定义 2 业务过程（Business Process，BP）

业务过程可以描述为一个五元组形式（Bpid，SG，R，C，T），其中：

（1）Bpid 是业务过程标识符。

（2）SG＝{sg_1，sg_2，…，sg_n}是可分解的目标的集合，其描述形式将在下一节中给出。

（3）R＝〈{r_1，r_2，…，r_n}，{A_iXr_j}〉是与 SG 关联的资源集合，其中，a_iUr_j表示 a_i 使用资源 r_j，a_iCr_j表示 a_i 生成资源 r_j。

（4）C 是定义在 SG 和 R 上的资源协调机制，用于解决活动进行期间的共享资源冲突。

（5）T 是业务过程 BP 的目标分解树，它将 BP 的总目标分解成原子目标，并表达了目标之间的逻辑关系。

定义 3 面向目标的迁移实例（Goal-oriented Migrating Instance，GMI）

面向目标的迁移实例可以描述为一个六元组形式：（gmiid，ToL，Mp，s_g，s_c，TM），其中：

（1）gmiid 是系统可认证的面向目标的迁移实例标识。

（2）ToL 是 gmi 的生命周期。

（3）Mp⊆Wp 为可允许的 gmi 迁移的工作位置集合。

（4）s_g 为迁移实例的目标状态。

（5）s_c 为迁移实例的当前状态。

（6）TM＝{d-agent，e-agent}，是目标驱动的状态转移机制，其中 d-agent 是 GMI 的决策部件，其功能是确定迁移实例的迁移目的地；而 e-agent 是 GMI 的执行部件，其功能是负责迁移到目的主机前、后状态处理。

定义 4 决策部件（Decision Ware）[3]

决策部件 d-agent 可以表示为一个八元组形式：（d-aid，Bel，Des，Int，Brf，Options，Filter，DC），其中：

（1）d-aid 是决策部件的标识符。

（2）Bel，Des，Int 分别是为 GMI 构建的信念、愿望和意图。

（3）Brf，Options，Filter 分别是定义在 Bel，Des，Int 上的信念修正函数、选择生成函数和过滤函数。信念修正函数的主要功能是感知环境变化并根据当前信念，确定一个新的信念集合;选择生成函数的功能是根据当前意图和当前信念,确定愿望;过滤函数基于当前信念、愿望和意图,确定下一步的操作。

(4) DC 是 d-agent 的工作机,包括信息的输入输出、服务发现选择、迁移决策、通信和协作以及安全保护等。

定义 5　执行部件(Execute Ware)

执行部件 e-agent 可以描述为一个七元组形式:(e-aid,S-current,S-next,Mp′,p,EQ,EC),其中:

(1) e-aid 为 e-agent 的标识。

(2) S-current 代表 gmi 的当前状态,即 Sc。

(3) S-next 是由 d-agent 决定实现的下一步状态。

(4) Mp′⊆WP 为允许 e-agent 迁移的工作位置集合。

(5) p 为 e-agent 当前所处的工作位置,p∈Mp′。

(6) EQ 是 e-agent 的事件队列,接受来自 d-agent 的决策事件和工作位置的局部事件。

(7) EC 为 e-agent 的工作机,负责工作流服务的应用和执行,迁移控制,信息收集和反馈,安全保护等。

工作位置定义与文献[2]类似(见第 2 章第 2.3 节定义 4),它为 GMI 提供服务和资源。当工作位置无法满足其工作需要时候,MI 迁移到下一个合适的工作位置继续未完成的工作。

3.2　目标(Goal)

一般来说,目标是对意向的一种说明性描述,在不同的研究领域,目标所要表达的内涵也不同。在需求工程领域,目标被定义为"参与者将来需要实现的事物"[4-6]。在人工智能领域,目标被看做是一种"期望的世界状态(A state want to be)"[7-8]。在工作流领域,目标通常被解释为期望业务过程全部或部分自动化完成之后的结果[9-10]。目标描述是目标可满足性推理的前提和基础,目标可满足性的推理能力很大程度上取决于目标的描述形式。寻求一种良好的工作流目标描述方法,并构建基于目标描述的目标可满足性推理框架,对实现面向目标的迁移工作流具有十分重要的意义。

面向目标求解工作流问题的一个重要特点就是视工作流目标由多个子目标构成,每个子目标都还可以有自己的子目标,因而可以根据组织构成、资源分布、实现约束等因素,将其分解成一个层次结构的描述形式,其中,最常用的一种目标描述形式称作目标与/或树。目标与/或树可以清晰地表示目标-子目标之间的"part of"关系以及子目标之间的与/或执行约束,但不能表示其间的时间约束,也不能表示其间是否存在满足依赖,因此,目标描述能力不足。

针对目标与/或树描述能力不足的问题,本节首先通过引入目标时序关系,建立了一种具有时序约束的与/或目标图方法;然后,在时序与/或目标图的基础上,通过引进目标之间的满足促进(支持)/满足抑制(反对)关系,建立了一种具有时序约束和满足依赖关系的与/或目标图方法。分析和应用表明,具有时序约束和满足依赖关系的与/或目标图,具有良好的工作流语义、目标描述能力和目标可满足性推理能力。

3.2.1 目标的定义

在面向目标的迁移工作流领域,一个"goal-to-do"型原子业务目标可以用动作、对象、属性、属性值和约束等元素进行刻画。

定义 1 原子目标(Atom Goal)

原子目标 g 是一个五元组 $g=(v_e, o, P, V_a, R)$,其中:

(1) v_e 是实现 g 的唯一动作。

(2) o 是 v_e 的唯一操作对象,称作动作对象。

(3) P 是 o 的属性集合。

(4) V_a 是 o 的属性值集合。

(5) R 是实现 g 的约束集合,包含规则、事件和关系等。

图 3-2 是定义 1 的结构解释,其中,对象状态即为目标状态,因此,属性和属性值可以直接关联于目标。

举例:购买两张周日之前从济南到北京的火车票。

记买票目标为 g,则 g 可以描述为一个五元组:

g:(Buy, ticket, (type, number, start, destination), (train, 2, Jinan, Beijing), (Before(date, Sunday)))。

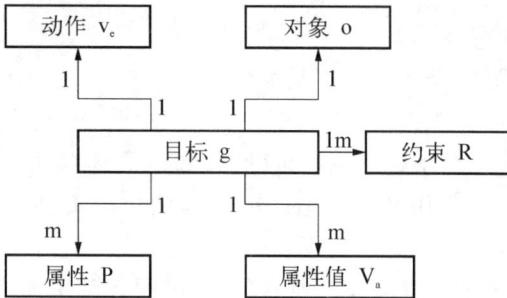

图 3-2 原子目标的结构

基于逻辑演算,买票目标 g 可以等价地描述为一个合取公式:

g:(Buy ∧ ticket ∧ (type="train" ∧ number=2 ∧ start="Jinan" ∧ destination="Beijing") ∧ Before(date, Sunday))。

定义 2 原子目标 g 的满足性(Atom Goal Satisfiabilty)

原子目标 g 是满足的,当且仅当动作对象 o 的最终状态符合预期结果。

定义 3 原子目标 g 的可满足(Atom Goal Satisfiable)

原子目标 g 是可满足的,当且仅当有足够的证据表明动作对象 o 的最终状态可以达到预期的结果。

定义 4 复合目标(Composition Goal)

复合目标是经 ∧(合取)、∨(析取)、¬(否定)、∃(存在量词)和 ∀(任意量词)等逻辑算子联结而成的目标。

复合目标可满足性的解释:

(1) $g_i \land g_j$:目标 $g_i \land g_j$ 满足当且仅当 g_i 和 g_j 都满足。

(2) $g_i \lor g_j$:目标 $g_i \lor g_j$ 满足当且仅当 g_i 满足或者 g_j 满足。

(3) $\neg g_i$:目标 $\neg g_i$ 满足当且仅当 g_i 不满足。

（4）∃ g_i(g_1，g_2，…，g_n)：∃ g_i(g_1，g_2，…，g_n)满足当且仅当集合{g_1，g_2，…，g_n}中至少存在一个目标 g_i(1≤i≤n)满足。

（5）∀ g_i(g_1，g_2，…，g_n)：∀ g_i(g_1，g_2，…，g_n)满足当且仅当目标集合{g_1，g_2，…，g_n}中的每个目标 g_i(1≤i≤n)都满足。

3.2.2　与/或目标树

图 3-3 所示是一棵与/或目标树的例子,其中,根节点表示目标 g,每个叶子节点表示一个原子目标。如果树上的任一目标 g_i 可以分解为子目标集合{g_{i1}，g_{i2}，…，g_{ik}},并且实现{g_{i1}，g_{i2}，…，g_{ik}}中的任一子目标 g_{ij}(1≤j≤k)就可以实现目标 g_i,则称 g_{i1}，g_{i2}，…，g_{ik} 是 g_i 的一组"或"子目标,称 g_i 是或目标节点;如果只有实现{g_{i1},

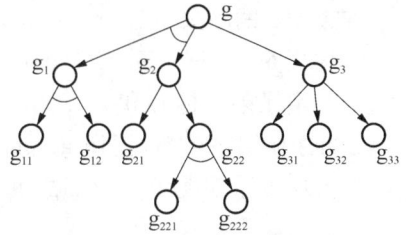

图 3-3　"与/或"目标树的例

g_{i2}，…，g_{ik}}中的所有子目标才可以实现目标 g_i,则称 g_{i1}，g_{i2}，…，g_{ik} 是 g_i 的一组"与"子目标,称 g_i 是与目标节点。如果一个节点既有一组"与"子目标,又有一组"或"子目标,则称之为与-或节点。在图 3-3 中,用连接弧表示一组"与"子目标节点,省却连接弧则表示一组"或"子目标节点。

定义 5　与/或目标树(And/Or Goal Tree)

一棵与/或目标树可以描述为三元组(V_g，E_g，φ),其中：

（1）V_g 是目标节点的集合,它对应于目标 g 的一个层次分解。

（2）E_g 是连接边的集合,边 e=(g_i，g_j)∈E_g 当且仅当 g_i 是 g_j 的父节点。

（3）φ 是 V_g 上两个或多个同父兄弟节点到{And，Or}上的关系映射。

显然,V_g 和 E_g 定义了目标 g 分解的层次结构,它是一棵基本树,描述目标之间的"part of"关系;φ 定义了非叶子目标节点 g_i∈V_g 的类型,g_i 的类型可以是与节点、或节点、与-或节点之一。

例：图 3-3 所示的与/或目标树可以描述为 $GoalTree_g$=(V_g，E_g，φ),其中：

$$V_g=\{g，g_1，g_2，g_3，g_{11}，g_{12}，g_{21}，g_{22}，g_{31}，g_{32}，g_{33}，g_{221}，g_{222}\};$$
$$E_g=\{(g，g_1)，(g，g_2)，…，(g_{22}，g_{222})\};$$
$$\varphi(g_1，g_2)=\text{"And"}，…，\varphi(g_{32}，g_{33})=\text{"Or"}。$$

按照定义 5,基于与/或目标树的迁移工作流建模方法包括两个基本步骤：

（1）分解工作流目标 g 为一棵基本树 $Tree_g$,其中,根节点表示 g,叶子节点表示原子目标,其他中间节点表示复合目标。

（2）在基本树 $Tree_g$ 上,对所有非原子目标节点标注 And/Or 关系,形成与/或目标树 $GoalTree_g$。

3.2.3　时序与/或目标图

在面向目标的迁移工作流管理中,$GoalTree_g$ 上的兄弟目标之间,除了存在实现上的"与"/"或"关系外,往往还要求其遵守一定的时间顺序,本节称这种目标实现上的时间顺序为目标时序约束。为了便于对目标时序约束进行描述,约定：

（1）t 表述某一特定时刻。

（2）谓词 St(g,t)表示在时刻 t 目标 g 开始执行。

（3）谓词 $Sa(g,t)$ 表示在时刻 t 目标 g 得到满足。

（4）时态操作符 $t_i \prod t_j$，表示时刻 t_j 在 t_i 之后。

1）与/或树上兄弟目标之间的时序关系

设目标 g 是与节点，g_i 与 g_j 为 g 的两个儿子目标，则 g_i 与 g_j 之间的时序关系可以划分为两种类型：偏序关系（Partial Relation）和无约束关系（Independent Relation）。

定义 6 偏序关系＜（Partial Relation）

给定兄弟目标 g_i 和 g_j。如果目标 g_j 当且仅当目标 g_i 满足之后才能得到满足，则称 g_i 与 g_j 之间存在偏序关系，记作 $g_i < g_j$。

偏序关系表明了 g_i 与 g_j 之间的实现顺序。应用谓词逻辑方法，偏序关系可以表示为

$$g_i < g_j \Leftrightarrow Sa(g_i,\ t_i) \wedge Sa(g_j,\ t_j) \wedge t_i \prod t_j。$$

偏序关系可以细分为三种子关系：串行偏序关系（Serial Partial Relation）、包含偏序关系（Include Partial Relation）和半偏序关系（Half Partial Relation）。

定义 7 串行偏序关系＜（Serial Partial Relation）

给定兄弟目标 g_i 和 g_j。如果目标 g_j 当且仅当目标 g_i 满足之后才能开始执行，则称 g_i 和 g_j 之间存在串行偏序关系，记为 $g_i < g_j$。

串行偏序关系标记两个兄弟目标之间的时间接续约束，即 g_j 必须在 g_i 满足后的某个时刻启动。串行偏序关系可以表示为

$$g_i < g_j \Leftrightarrow St(g_i,\ t_{i\text{-start}}) \wedge Sa(g_i,\ t_{i\text{-end}}) \wedge St(g_j,\ t_{j\text{-start}}) \wedge Sa(g_j,\ t_{j\text{-end}}) \wedge t_{i\text{-end}} \prod t_{j\text{-start}}。$$

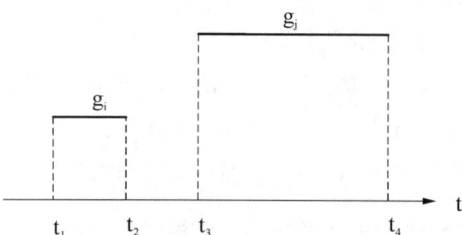

串行偏序关系的解释如图 3-4 所示，在时间轴上，$t_1 < t_2 < t_3 < t_4$。例如，在网上购物流程中，目标 g_1 表示用户登录，目标 g_2 表示填写订单，则要求目标 g_1 必须在目标 g_2 之前满足。

图 3-4 目标之间的串行偏序关系

定义 8 包含偏序关系≤（Include Partial Relation）

给定兄弟目标 g_i 和 g_j。如果目标 g_i 当且仅当目标 g_j 开始后才能执行，并且必须在 g_j 满足前得到满足，则称 g_i 和 g_j 之间存在包含偏序关系，记为 $g_i \leq g_j$。

包含偏序关系标记两个兄弟目标之间的时间覆盖约束，即 g_j 的执行时间区间覆盖 g_i 的执行时间区间。包含偏序关系可以表示为

$$g_i \leq g_j \Leftrightarrow St(g_i,\ t_{i\text{-start}}) \wedge Sa(g_i,\ t_{i\text{-end}}) \wedge St(g_j,\ t_{j\text{-start}}) \wedge Sa(g_j,\ t_{j\text{-end}}) \wedge t_{j\text{-start}} \prod t_{i\text{-start}} \wedge t_{i\text{-end}} \prod t_{j\text{-end}}。$$

包含偏序关系的解释如图 3-5 所示。

定义 9 半偏序关系≦（Half Partial Relation）

给定兄弟目标 g_i 和 g_j。如果目标 g_j 当且仅当在目标 g_i 实现过程中开始，并且在目标 g_i 满足后才能满足，则称 g_i 和 g_j 之间存在半偏序关系，记作 $g_i \leqq g_j$。

半偏序关系标记两个兄弟目标之间的时间交

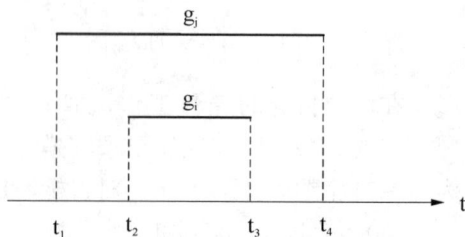

图 3-5 目标之间的包含偏序关系

叉约束。半偏序关系可以表示为：

$$g_i \leqq g_j \Leftrightarrow St(g_i, t_{i\text{-start}}) \wedge Sa(g_i, t_{i\text{-end}}) \wedge St(g_j, t_{j\text{-start}}) \wedge Sa(g_j, t_{j\text{-end}}) \wedge t_{i\text{-start}} \prod t_{j\text{-start}} \wedge t_{i\text{-end}} \prod t_{j\text{-end}} \circ$$

串行偏序关系的解释如图 3-6 所示。

定义 10 无约束关系 $\not\lessgtr$（Independent Relation）

给定兄弟目标 g_i 和 g_j。如果目标 g_i 与 g_j 在实现顺序上没有时间限制，则称 g_i 和 g_j 之间为无约束关系，记为 $g_i \not\lessgtr g_j$。

性质 3-1 偏序关系具有传递性，即若 $g_i < g_j$，$g_j < g_k$，则有 $g_i < g_k$。

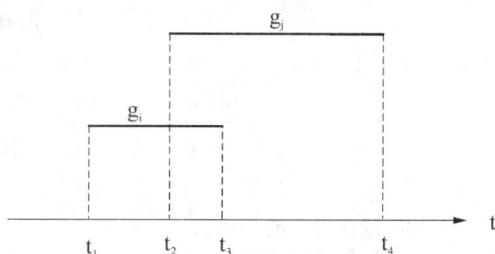

图 3-6 目标之间的半偏序关系

证明 设有目标集合 G，偏序关系 $<$，则

由于 $g_i < g_j$，故存在 t_1, t_2，使得 $Sa(g_i, t_1) \wedge Sa(g_j, t_2) \wedge t_1 \prod t_2$。

又由于 $g_j < g_k$，故存在 t_3, t_4，使得 $Sa(g_j, t_3) \wedge Sa(g_k, t_4) \wedge t_3 \prod t_4$。

若 g_j 在时刻 t_0 满足，则 $t_0 = t_2 = t_3$，

所以，有 $t_1 \prod t_0$ 且 $t_0 \prod t_4$，故 $t_1 \prod t_4$。

由 $Sa(g_i, t_1)$，$Sa(g_k, t_4)$ 以及 $t_1 \prod t_4$，得

$g_i < g_k$。

证毕。

性质 3-2 如果 g_i 是与节点，并且有 $g_i < g_j$，则对任意 g_i 的子目标 g_{ik}，有 $g_{ik} < g_j$；同样，如果 g_j 是或节点，并且有 $g_i < g_j$，则对 g_j 的任意子目标 g_{jk} 来说，有 $g_i < g_{jk}$。

证明：（1）如果 g_i 是与节点，并且有 $g_i < g_j$，则存在 t_i, t_j 满足 $t_i \prod t_j$，使得 $Sa(g_i, t_i)$ 且 $Sa(g_j, t_j)$。

如果在 t_i 时刻 g_i 的所有子目标满足，可得 $t_i = MAX(t_{i1}, t_{i2}, \cdots, t_{im})$，其中 $t_{i1}, t_{i2}, \cdots, t_{im}$ 分别表示子目标 $g_{i1}, g_{i2}, \cdots, g_{im}$ 满足的时刻。

故有 $t_{ik} \prod t_i \prod t_j$，所以 $g_{ik} < g_j$。

（2）如果 g_j 是或节点，并且有 $g_i < g_j$，则存在 t_i, t_j，满足 $t_i \prod t_j$，使得 $Sa(g_i, t_i)$ 且 $Sa(g_j, t_j)$。

如果在 t_j 时刻 g_j 满足，则 $t_j = MIN(t_{j1}, t_{j2}, \cdots, t_{jm})$，其中 $t_{j1}, t_{j2}, \cdots, t_{jm}$ 分别表示子目标 $g_{j1}, g_{j2}, \cdots, g_{jm}$ 满足的时刻。若在 t_{jk} 时刻某个子目标 g_{jk} 满足，得 $t_j = t_{jk}$，其中 $Sa(g_{jk}, t_{jk})$。

由于 $t_i \prod t_j$ 以及 $t_j = t_{jk}$，

可得 $t_i \prod t_{jk}$，所以 $g_i < g_{jk}$。

证毕。

2）与/或树上目标 g 的孙子目标 g_i 和 g_j 之间的时序关系

对于目标 g 的任意两个孙子目标 g_i 与 g_j 来说，它们之间的时序关系可以区分为以下两种情况。

（1）g 是一个"与"节点，如图 3-7 所示，只有 g_i 的祖父节点 g_I 和 g_j 的祖父节点 g_J 都满足，目标 g 才能满足。

如果 g_I 和 g_J 是偏序关系，则根据性质 3-2，g_i 与 g_j 也是偏序关系；如果 g_I 和 g_J 是无约束关系，则 g_i 与 g_j 也是无约束关系。

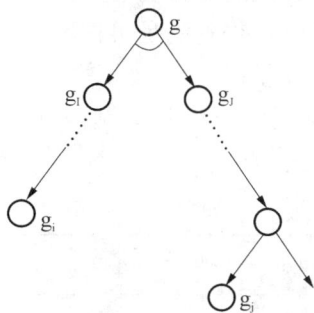

图 3-7 与目标 g 的孙子目标间的时序关系

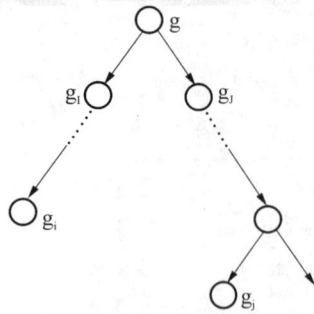

图 3-8 或目标 g 的孙子目
标间无约束关系

（2）g 是一个"或"节点，如图 3-8 所示，目标 g 满足只要 g_I 与 g_J 中的一个满足，g_i 与 g_j 之间为无约束关系。

定义 11 时序目标图（Time-Ordered Goal Graph）

时序目标图是一个四元组（V_g，E_g，φ，δ），其中：

（1）（V_g，E_g，φ）是一棵与/或目标树。

（2）δ 是 V_g 上两两兄弟目标到 $\{<, \leqslant, \leqq, \nprec\}$ 的时间关系映射，其中，$<$、$\leqslant$ 和 $\leqq$ 表示偏序关系，$\nprec$ 表示无约束关系。

图 3-9 是一个时序目标图的例子，其中，δ 操作可以描述为

$$\delta_g(g_1, g_2) = \leqslant; \quad \delta_g(g_{11}, g_{12}) = <; \quad \cdots; \quad \delta_g(g_{32}, g_{33}) = \nprec.$$

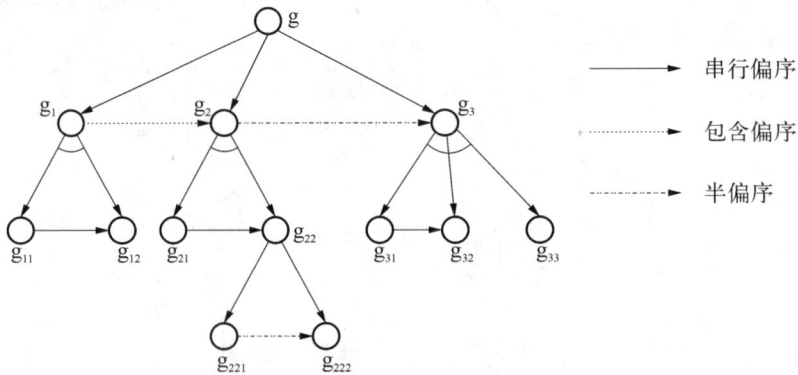

图 3-9 时序目标图

按照定义 11，基于时序目标图的迁移工作流建模方法包括两个基本步骤：

（1）按照定义 5，分解目标 g 为一棵与/或树 $GoalTree_g$，其中根节点表示 g，叶子节点表示原子目标，其他中间节点表示复合目标。

（2）在与/或树 $GoalTree_g$ 上标注时序关系，形成与/或目标图 $GoalGraph_g$。

3.2.4 带满足支持度的时序目标图

基于与/或分解策略描述迁移工作流目标，除了必须考虑目标之间的与/或关系和时序关系之外，还必须考虑一个目标的满足/不满足对另外一个目标的满足/不满足的影响。本节称这种目标之间的相互影响为目标满足依赖关系，称其影响程度为满足支持度。

比如，目标 g_1 为安排出行时间，目标 g_2 为订购飞机票。只有目标 g_2 得到满足，目标 g_1 才得以满足。所以，目标 g_2 的可满足性对 g_1 的可满足性具有满足支持作用。

目标满足依赖关系可以区分为满足促进、满足抑制、不满足促进和不满足抑制四种类型，如表 3-1 所示，其中，+s，−s，+d 和 −d 统称为满足支持度。

表 3-1 目标之间的满足性依赖关系

序 号	关系名称	关系表示	说　明
1	满足促进	$g_i \xrightarrow{+s} g_j$	目标 g_i 满足能增加 g_j 满足的可能性
2	满足抑制	$g_i \xrightarrow{-s} g_j$	目标 g_i 满足能降低 g_j 满足的可能性

序　号	关系名称	关系表示	说　　明
3	不满足促进	$g_i \xrightarrow{+d} g_j$	目标 g_i 不满足能增加 g_j 满足的可能性
4	不满足抑制	$g_i \xrightarrow{-d} g_j$	目标 g_i 不满足能降低 g_j 满足的可能性

定义 12　带满足支持度的时序目标图是一个五元组（V_g，E_g，φ，δ，ω），其中：

（1）（V_g，E_g，φ，δ）是一个时序目标图。

（2）ω 是 V_g 上两两目标之间到 $\{+s, -s, +d, -d\}$ 的满足促进/满足抑制映射。

按照定义 12，基于带满足支持度的时序目标图的迁移工作流建模方法包括两个基本步骤：

（1）按照定义 11，描述目标 g 为一个时序目标图 GoalGraph$_g$。

（2）在 GoalGraph$_g$ 上标注目标满足支持关系，形成带满足支持度的时序目标图 SatGoalGraph$_g$。

3.3　目标可满足性的定性描述与推理

3.3.1　目标可满足性定性描述

对目标 g 而言，可以用四个谓词描述满足性，即 FS(g)，FD(g)，PS(g) 和 PD(g)：

（1）FS(g)：目标 g 一定能满足（*存在足够的证据表明 g 可满足*）。

（2）FD(g)：目标 g 一定不能满足（*存在足够的证据表明 g 不可满足*）。

（3）PS(g)：目标 g 可能满足（*存在部分证据表明 g 可满足*）。

（4）PD(g)：目标 g 可能不满足（*存在部分证据表明 g 不可满足*）。

为了能更加直观地说明目标间的满足性关系，引入蕴含算子"$\Rightarrow$"。P $\Rightarrow$ Q 当且仅当由条件谓词定义的谓词公式"P→Q"是一个永真式（重言式）。

对同一个目标 g，有如下的两个公理：

公理 3 - 1　FS(g)$\Rightarrow$PS(g)。

公理 3 - 2　FD(g)$\Rightarrow$PD(g)。

对于存在时序约束的两个或两个以上的目标，只有当它们满足时序约束时，目标之间的满足促进/满足抑制关系才能成立。本文假设目标之间的可满足性关系存在以下公理，如表 3 - 2 所示。

结合蕴含算子"$\Rightarrow$"的传递性，表 3 - 2 中的公理还可以进一步扩展，从而得到更多的公理。比如将 FS(g)→PS(g) 分别和表 3 - 2 中的公理 1 以及公理 3 结合可得

$$(g_j, g_k) \xrightarrow{and} g_i : (FS(g_j) \wedge PS(g_k)) \Rightarrow PS(g_i)$$

$$g_j \xrightarrow{+s} g_i : FS(g_j) \Rightarrow PS(g_i)$$

目标之间的满足促进/满足抑制公理表明，在目标满足一定时序约束的条件下，依靠目标之间的满足促进/满足抑制关系，可以在已知某目标满足性的情况下，对其他目标的满足性进行推理。比如，如果有部分证据能够表明 g_j 是可满足的，g_j 和 g_i 之间存在满足性关系：

$g_j \xrightarrow{+s} g_i$，则可以推断：有部分证据能够表明 g_i 是可满足的。

考虑 3.2.4 节中的例子，目标 g_1 为安排出行时间，目标 g_2 为订购飞机票，如果能判断出 g_2 是可满足的，即 $FS(g_2)$，并且有 $g_2 \xrightarrow{+s} g_1$，则可得到 $PS(g_1)$，即目标 g_1 是部分可满足的。

表 3-2　目标之间的可满足性公理

序 号	目标关系	时序关系	关 系 公 理
1	$(g_j, g_k) \xrightarrow{and} g_i$	$(g_j < g_i, g_k < g_i)$ 或 $(g_j \not< g_i, g_k \not< g_i)$	$(FS(g_j) \wedge FS(g_k)) \Rightarrow FS(g_i)$ $(PS(g_j) \wedge PS(g_k)) \Rightarrow PS(g_i)$ $FD(g_j) \Rightarrow FD(g_i)$ $FD(g_k) \Rightarrow FD(g_i)$ $PD(g_j) \Rightarrow PD(g_i)$ $PD(g_k) \Rightarrow PS(g_i)$
2	$(g_j, g_k) \xrightarrow{or} g_i$	$(g_j < g_i, g_k < g_i)$ 或 $(g_j \not< g_i, g_k \not< g_i)$	$FS(g_j) \Rightarrow FS(g_i)$ $FS(g_k) \Rightarrow FS(g_i)$ $PS(g_j) \Rightarrow PS(g_i)$ $PS(g_k) \Rightarrow PS(g_i)$ $(FD(g_j) \wedge FD(g_k)) \Rightarrow FD(g_i)$ $(PD(g_j) \wedge PD(g_k)) \Rightarrow PD(g_i)$
3	$g_j \xrightarrow{+s} g_i$	$g_j < g_i$ 或 $g_j \not< g_i$	$PS(g_j) \Rightarrow PS(g_i)$
4	$g_j \xrightarrow{-s} g_i$	$g_j < g_i$ 或 $g_j \not< g_i$	$PS(g_j) \Rightarrow PD(g_i)$
5	$g_j \xrightarrow{+d} g_i$	$g_j < g_i$ 或 $g_j \not< g_i$	$PS(g_j) \Rightarrow PS(g_i)$
6	$g_j \xrightarrow{-d} g_i$	$g_j < g_i$ 或 $g_j \not< g_i$	$PD(g_j) \Rightarrow PS(g_i)$

3.3.2　目标之间满足性传递

在面向目标的迁移工作流管理中，迁移实例往往运行在一个工作位置及其服务动态、多变的环境中，因此，其目标（子目标）满足性也会随着外界环境的变化而变化。一旦环境变化使得某个或某些目标的可满足性增强，或者迁移实例可以断定某个（某些）目标是不可能满足的，则它必须依据现有目标之间的满足依赖关系，对与变化相关的一些目标的满足/不满足情况做出相应的分析和改变，即对目标图 SatGoalGraph$_g$ 中的满足促进/满足抑制关系进行更新。满足促进/满足抑制关系的更新按照目标满足性传递规则执行。

为了讨论目标满足性传递规则，引入模糊谓词 Sat(g) 和模糊谓词 Den(g)，用于度量目标的满足性状态。设谓词 Sat(g) 和谓词 Den(g) 分别表示对目标 g 满足和不满足状态的定性评价，并将 g 的满足/不满足程度划分为三个等级，分别用 F 表"完全"，P 表示"部分"，N 表示"未知"，约定 F>P>N。由此，模糊谓词 Sat(g) 和模糊谓词 Den(g) 可视作一个可比较值大小的三值逻辑。

基于谓词 Sat(g) 和谓词 Den(g) 的目标状态解释：

（1）Sat(g)=F：表示有充足的证据表明 g 是可满足的。

（2）Sat(g)=P：表示有证据表明 g 是部分可满足的。

（3）Sat(g)=N：表示 g 的可满足是未知的。

（4）Den(g)＝F：表示有充足的证据表明 g 是不可满足的。

（5）Den(g)＝P：表示有证据表明 g 是部分不可满足的。

（6）Den(g)＝N：表示 g 的不可满足性是未知的。

考虑到谓词 Sat(g)和谓词 Den(g)的取值在域{F, P, N}上是可比较的，因此，为了描述基于满足支持/满足抑制关系的目标满足性传递规则，本文引入函数 MIN(x, y)和函数 MAX(x, y)，其中，函数 MIN(x, y)返回 x 与 y 中的最小值，函数 MAX(x, y)返回 x 与 y 中的最大值。例如：

若存在关系 $g_j \xrightarrow{+s} g_i$，并且 Sat(g_i)＝N，则 Sat(g_i)＝ MIN(Sat(g_j),P)，取值规则如下：

（1）如果 Sat(g_j)＝N，那么 Sat(g_i)＝N。

（2）如果 Sat(g_j)＝P，那么 Sat(g_i)＝P。

（3）如果 Sat(g_j)＝F，那么 Sat(g_i)≥P。

基于上述约定和分析，可以得到表 3-3 所示的目标可满足性传递规则。

表 3-3　目标满足性传递规则

序号	满足性关系	时序关系	可满足性 Sat(g_i)	不可满足性 Den(g_i)
1	$(g_j, g_k) \xrightarrow{and} g_i$	($g_j<g_i$, $g_k<g_i$)或($g_j \nless g_i$, $g_k \nless g_i$)	MIN(Sat(g_j), Sat(g_k))	MAX(Den(g_j), Den(g_k))
2	$(g_j, g_k) \xrightarrow{or} g_i$	($g_j<g_i$, $g_k<g_i$)或($g_j \nless g_i$, $g_k \nless g_i$)	MAX(Sat(g_j), Sat(g_k))	MIN(Den(g_j), Den(g_k))
3	$g_j \xrightarrow{+s} g_i$	$g_j<g_i$或$g_j \nless g_i$	MIN(Sat(g_j), P)	N
4	$g_j \xrightarrow{-s} g_i$	$g_j<g_i$或$g_j \nless g_i$	N	MIN(Sat(g_j), P)
5	$g_j \xrightarrow{+d} g_i$	$g_j<g_i$或$g_j \nless g_i$	N	MIN(Den(g_j), P)
6	$g_j \xrightarrow{-d} g_i$	$g_j<g_i$或$g_j \nless g_i$	MIN(Sat(g_j), P)	N

3.3.3　目标满足性推理算法

给定目标 g 可以将其模型化为带满足支持度的时序目标图，通过对目标图中各原子目标的可满足性认知，工作流管理者可以获取目标 g 的可满足性情况，从而决定是否派遣迁移实例，即是否启动迁移工作流运行。算法 3-1 给出了在带满足支持度的时序目标图中，依据各子目标的满足情况判断目标 g 满足情况的算法。

假设数组 Initial[]，Current[]和 Old[]的值域均为{F, P, N}，分别用来存储目标的初始满足性评价值、当前满足性评价值和前一次满足性评价值，其中 Old[]的初始值全为 N。

算法 3-1　目标可满足性推理算法。

输入：带支持度的时序目标图 G＝(V_g, E_g, φ, δ, ω)，目标满足性初始评价值 Initial[]。

输出：更新后的目标满足性评价值 Current[]。

```
Begin
    Current[] = Initial[];            //初始化
    While(Current≠Old) Do
```

```
        Begin
          Old = Current;
             对每一个 gᵢ ∈ Vg  Do
          Current[i] = Update_Sat_Den(i,G,Old);
          End;
       Return Current;
    End;
```

函数 Update_Sat_Den(int i,goalgraph G,Label-Array old)

```
    Begin
       对每一个依赖关系 r∈ω,如果有 gi ——r——→gj Do// 目标 gj 与 gi 满足依赖关系
       {
          If((gᵢ ≺ gⱼ)Or(gᵢ ⊀ gⱼ)) Then
            {
              satᵢⱼ = Apply_Rules_Sat(gᵢ,r,Old);
              denᵢⱼ = Apply_Rules_Den(gᵢ,r,Old);
            }
       }
       Return(Max(maxⱼ(satᵢⱼ),Old[i].sat),Max(maxⱼ(denᵢⱼ),Old[i].den));
    End;
```

算法结束。

函数 Apply_Rules_Sat( )指的是应用表 3-3 中的传递规则。算法开始时,将数组 Current 置为 Initial,在后面的每一步操作中,目标 g_i 的状态属性 $sat(g_i)$,$den(g_i)$ 都会通过函数 Update_Sat_Den() 得到更新,直到 Current 和 Old 中的值相等,循环结束。

定理 3-1 给定带支持度的时序目标图 G 及其满足性初始值 Initial[],算法 3-1 中的循环最多会执行 $6|V_g|+1$ 次,$|V_g|$ 表示 G 中节点的个数。

证明 首先,从算法 3-1 中的语句

$$Current[i] = Update\_Sat\_Den(i,G,Old);$$

以及

$$Return(Max(max_j(sat_{ij}),Old[i].sat),Max(max_j(den_{ij}),Old[i].den));$$

可以看出,对每一个目标 g_i 都有:

$$Current[i].sat = Max(\ldots,Old[i].sat);$$
$$Current[i].den = Max(\ldots,Old[i].den)。$$

所以,目标 g_i 的满足/不满足值是非单调递减的。如果算法不终止,那么从循环条件 (Current≠Old)可知每一次循环至少有一个值会发生变化。目标图 G 共有 $|V_g|$ 个目标,每一个目标有 Sat 和 Den 两个属性,而这两个属性的可能取值只有 3 个,即{F, P, N},所以每

一次循环至少有一个的值会增加，最多增加 3 次。

因此，上述算法最多会执行 $6|V_g|+1$ 次。

证毕。

3.4 目标可满足性定量描述与推理

从上一节的分析可以看出，目标之间在可满足性方面存在一定程度上的促进/抑制影响，而这种可满足性关系究竟会起多大的作用，则需要对它们作定量的描述。

3.4.1 目标可满足性定量描述

类似于上一节的讨论，为了能够定量描述目标的可满足性，本节引入模糊谓词 $\mathrm{Sat}(g)$ 和模糊谓词 $\mathrm{Den}(g)$，分别用于对目标 g 的可满足性和不可满足性状态进行定量度量，其中，$0 \leqslant \mathrm{Sat}(g) \leqslant 1, 0 \leqslant \mathrm{Den}(g) \leqslant 1$。因为 $\mathrm{Sat}(g)$ 和 $\mathrm{Den}(g)$ 的值域是一个实值域，所以 $\mathrm{Sat}(g)$ 和 $\mathrm{Den}(g)$ 具有模糊函数的意义。

与目标可满足性定性分析一样，目标之间的可满足性关系定量分析也存在可满足性公理，如表 3-4 所示，其中，w 是权值，可以将其解释为条件概率，即 $p[g_i$满足$|g_j$满足$]$，也就是当 g_j 满足时 g_i 满足的概率。

表 3-4 目标之间的可满足性关系公理

满足依赖关系	时序关系	关系公理
$(g_j, g_k) \xrightarrow{and} g_i$	$(g_j \prec g_i, g_k \prec g_i)$或$(g_j \nprec g_i, g_k \nprec g_i)$	$(\mathrm{Sat}(g_j) \geqslant x \wedge \mathrm{Sat}(g_k) \geqslant y) \rightarrow \mathrm{Sat}(g_i) \geqslant (x \otimes y)$ $(\mathrm{Den}(g_j) \geqslant x \wedge \mathrm{Den}(g_k) \geqslant y) \rightarrow \mathrm{Den}(g_i) \geqslant (x \oplus y)$
$(g_j, g_k) \xrightarrow{or} g_i$	$(g_j \prec g_i, g_k \prec g_i)$或$(g_j \nprec g_i, g_k \nprec g_i)$	$(\mathrm{Sat}(g_j) \geqslant x \wedge \mathrm{Sat}(g_k) \geqslant y) \rightarrow \mathrm{Sat}(g_i) \geqslant (x \oplus y)$ $(\mathrm{Den}(g_j) \geqslant x \wedge \mathrm{Den}(g_k) \geqslant y) \rightarrow \mathrm{Den}(g_i) \geqslant (x \otimes y)$
$g_j \xrightarrow{w+s} g_i$	$g_j \prec g_i$或$g_j \nprec g_i$	$\mathrm{Sat}(g_j) \geqslant x \rightarrow \mathrm{Sat}(g_i) \geqslant (x \otimes w)$
$g_j \xrightarrow{w-s} g_i$	$g_j \prec g_i$或$g_j \nprec g_i$	$\mathrm{Sat}(g_j) \geqslant x \rightarrow \mathrm{Den}(g_i) \geqslant (x \otimes w)$
$g_j \xrightarrow{w+d} g_i$	$g_j \prec g_i$或$g_j \nprec g_i$	$\mathrm{Den}(g_j) \geqslant x \rightarrow \mathrm{Den}(g_i) \geqslant (x \otimes w)$
$g_j \xrightarrow{w-d} g_i$	$g_j \prec g_i$或$g_j \nprec g_i$	$\mathrm{Den}(g_j) \geqslant x \rightarrow \mathrm{Sat}(g_i) \geqslant (x \otimes w)$

3.4.2 目标之间满足性传递

引入关系运算符 $\otimes$ 和 $\oplus$，它们都是 $[0,1] \times [0,1] \rightarrow [0,1]$ 上的二元函数。对于任意常量 $p_1, p_2 \in [0,1]$，运算符定义如下：

$$p_1 \otimes p_2 = p_1 \times p_2;$$
$$p_1 \oplus p_2 = p_1 + p_2 - p_1 \times p_2。$$

上述公式有如下关系：

$$p_1 \otimes p_2 \leqslant p_1, p_2 \leqslant p_1 \oplus p_2。$$

目标之间的可满足性/不可满足性定量传递规则如表 3-5 所示。

表 3-5　目标之间的可满足性/不可满足性传递规则

序　号	满足性关系	时　序　关　系	可满足性 Sat(g_i)	不可满足性 Den(g_i)
1	$(g_j, g_k) \xrightarrow{and} g_i$	$(g_j \prec g_i, g_k \prec g_i)$ 或 $(g_j \nprec g_i, g_k \nprec g_i)$	Sat(g_j)$\otimes$Sat(g_k)	Den(g_j)$\oplus$Den(g_k)
2	$(g_j, g_k) \xrightarrow{or} g_i$	$(g_j \prec g_i, g_k \prec g_i)$ 或 $(g_j \nprec g_i, g_k \nprec g_i)$	Sat(g_j)$\oplus$Sat(g_k)	Den(g_j)$\otimes$Den(g_k)
3	$g_j \xrightarrow{w+s} g_i$	$g_j \prec g_i$ 或 $g_j \nprec g_i$	Sat(g_j)$\otimes$w	
4	$g_j \xrightarrow{w-s} g_i$	$g_j \prec g_i$ 或 $g_j \nprec g_i$		Sat(g_j)$\otimes$w
5	$g_j \xrightarrow{w+d} g_i$	$g_j \prec g_i$ 或 $g_j \nprec g_i$		Den(g_j)$\otimes$w
6	$g_j \xrightarrow{w-d} g_i$	$g_j \prec g_i$ 或 $g_j \nprec g_i$	Den(g_j)$\otimes$w	

3.4.3　目标满足性推理算法

给定带支持度的时序目标图 G 及其满足性初始值 Initial[ ]，可以利用算法 3-1 对目标图中各目标的可满足性进行更新。尽管目标状态的度量值（sat（ ）和 den（ ）的值）均为介于 0 和 1 之间的实数，上述算法仍然是可终止的。

定理 3-2　给定带支持度的时序目标图 G 及其满足性/不满足性初始值（Initial[ ]），可以利用算法 3-1 求得目标 $g_i(g_i \in V_g)$ 更新后的满足性/不满足性值，并且算法是可终止的。

证明　和定理 3-1 一样，目标 g_i 的满足性/不满足性值是非单调递减的。算法 3-1 中的循环终止条件（Current＝Old），可以变换为如下的形式：

$$\max_i(|\text{Current}[i].\text{sat} - \text{Old}[i].\text{sat}|) < \varepsilon,$$

并且，

$$\max_i(|\text{Current}[i].\text{den} - \text{Old}[i].\text{den}|) < \varepsilon,$$

其中，ε 是一个无限趋向于 0 的实数。由于 $g_i.\text{sat}$ 和 $g_i.\text{den}$ 的上界是恒定的常数 1。所以，序列 Current$[i]_k.\text{sat}$ 和 Current$[i]_k.\text{den}$ 都是收敛的（柯西收敛准则）[①]。

因此，算法 3-1 经过有限次循环之后会终止。

证毕。

3.5　应用举例

本节以移动式网上购书流程为例，验证目标描述、目标可满足性以及带满足支持度的时序目标图在迁移工作流建模中的有效性。

假定网上购书迁移工作流环境如图 3-10 所示。工作位置 A 是接受购书服务的部门，它与书店、结算中心以及配送中心等机构连接，每个机构包含多家提供该类服务的组织，比

---

① 一个无限序列 a_n 是柯西收敛的，当且仅当对于任意选定的正数 ε，必存在一个整数 N，使得对于任意正整数 $n(n \geqslant N)$ 都有 $|a_{n+1} - a_n| < \varepsilon$。序列 a_n 是收敛的当且仅当它是柯西收敛的。

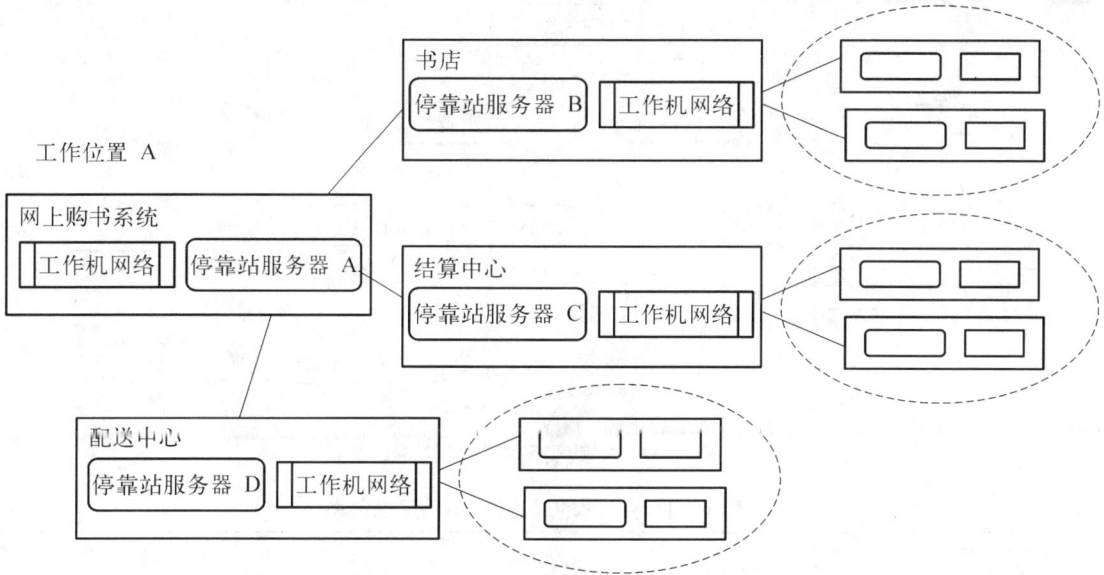

图 3-10 迁移工作流系统的例：网上购书系统

如，书店包括：书店 A 和书店 B 两家；银行包括：银行 C 和银行 D 两家；托运机构包括：EMS 运输和公路运输等。

用户要实现目标 g：购买 1 本名为《智能 agent 技术》的图书。迁移实例依据目标描述将其分解为 4 个具有串行偏序关系的子目标：

(1) g_1：比价查询(ComparisonQuery)。

(2) g_2：低价订购(LowPriceOrder)。

(3) g_3：银行付款(BankPayment)。

(4) g_4：快速配送(QuickDistribution)。

依照 3.1 中给出的目标形式，目标 g 可以描述为：

g：(Buy,book,(type,number,bookname,amount),(计算机,1,智能主体技术,1),())。

目标 g_1：比价查询可以描述为

g_1：(Query,book,(type,number,bookname,amount),(计算机,1,智能主体技术,1),(Lowest(Price)))。

目标 g_2：低价订购可以描述为

g_2：(Order,book,(type,number,bookname,amount),(计算机,1,智能主体技术,1),(Lowest(Price)))。

目标 g_3：银行付款可以描述为

g_3：(Pay,Money,(payaccount,useraccount,amount),(A001,U080,LPrice),())。

目标 g_4：快速配送可以描述为

g_4：(Transact,Book,(bookname,address,recipients,amount),(智能主体技术,山东省济南市,张 * ,1),())。

子目标进一步分解，形成如图 3-11 所示的目标图。目标之间具有的满足关系/不满足关系如表 3-6 所示。

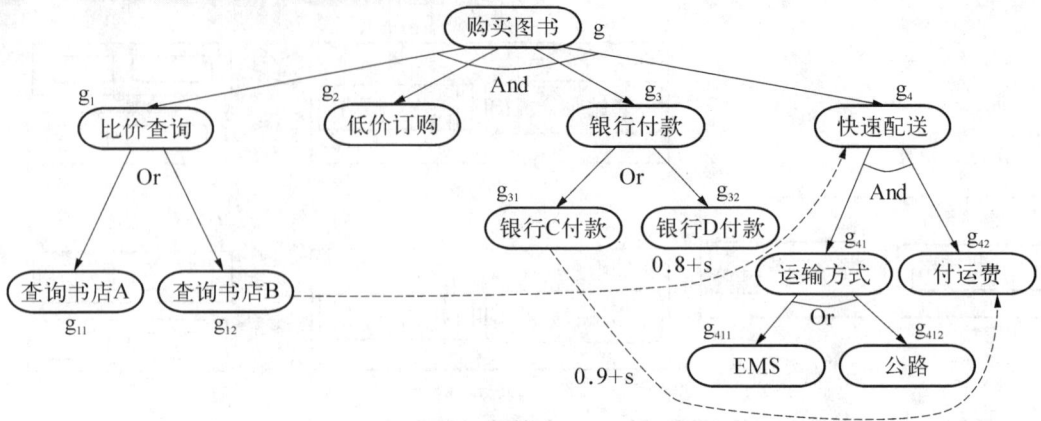

图 3-11 "购买图书"的目标图

表 3-6 目标之间的满足性/不满足性关系

序 号	目　标	关系	目　标
1	g_{31}：(Pay,Money,BankC)	$\xrightarrow{0.9+s}$	g_{42}：(Pay,Carriage)
2	g_{12}：(Search,Book,BookstoreB)	$\xrightarrow{0.8+s}$	g_4：(Transact,Consign)

利用算法 3-1,在各子目标的满足性/不满足性给定的情况下,可以按照各目标之间的关系计算出各中间目标的可满足性情况,从而得到最终全局目标 g 的可满足性。表 3-7 给出了目标满足性/不满足性更新前后对照表。

表 3-7 目标满足性/不满足性更新前后对照表

目　标	初 始 值		更 新 值	
	满足性	不满足性	满足性	不满足性
g：购买图书	0	0	0.6925	0
g_1：比价查询	0.8	0	0.95	0
g_{11}：查询书店 A	0.5	0	0.5	0
g_{12}：查询书店 B	0.9	0	0.9	0
g_2：低价订购	0.9	0	0.9	0
g_3：银行付款	0	0	0.9	0
g_{31}：银行 C 付款	1	0	0.9	0
g_{32}：银行 D 付款	0.5	0	0.5	0
g_4：办理托运	0	0	0.9	0
g_{41}：运输方式	0	0	1	0
g_{411}：EMS 运输	1	0	1	0
g_{412}：公路运输	0.9	0	0.9	0
g_{42}：支付运费	0.2	0	0.9	0

从表 3-7 可以看出,目标 g_{42} 初始的可满足性为 0.2,目标 g_{31} 初始的可满足性为 1,由于

存在依赖关系：

$$g_{31}:(Pay, Money, BankC) \xrightarrow{0.9+s} g_{42}:(Pay, Carriage),$$

由表 3-5 中的传递规则（3）可得，g_{42} 的可满足性至少为

$$Sat(g_{31}) \otimes 0.9 = 1 * 0.9 = 0.9。$$

这在一定程度上提升了对目标 g_{42} 的可满足性认知。

同样的，通过目标 g_{12} 与目标 g_4 之间的依赖关系，目标 g_4 的可满足性至少为 $Sat(g_{12}) \otimes 0.8 = 0.9 * 0.8 = 0.72$。

目标可满足性更新完成后，目标 g 的可满足性情况可以由它的子目标计算得出，其中：

$$Sat(g) = Sat(g_1) \otimes Sat(g_2) \otimes Sat(g_3) \otimes Sat(g_4) = 0.95 * 0.9 * 0.9 * 0.9 = 0.6925;$$
$$Den(g) = Den(g_1) \oplus Den(g_2) \oplus Den(g_3) \oplus Den(g_4) = 0。$$

实验表明：迁移实例在启动工作流之前，通过对当前环境下各原子目标可满足性的认知情况，可得目标 g 的可满足性程度为 0.692 5，不可满足性为 0，从而表明了目标 g 在当前环境下的可实现性，可以启动该迁移工作流运行。

3.6　相关工作的比较

目标的描述与推理是面向目标主体研究中的关键问题之一。在目标描述形式上，Rolland 等人针对需求工程提出了包含一个动词、对象、方向、受益者、指示物等的目标结构[13]，将该结构运用到 Agent 目标描述中比较繁琐，特别是受益者、指示物等属性的内容上较难把握。以一阶逻辑（First Order Logic，FOL）[14]作为理论基础描述目标存在语义不够自然、推理过程繁琐和没有完备的公理体系等问题。目标与/或树是目标分解的一种较常用的方法，但多数研究未将时序、满足性关系引入到目标的推理中，实用性较差[15-17]，尤其是目标时序问题，它在很大程度上决定了目标实现的步骤，具有十分重要的研究意义。

3.7　本章小结

针对与/或目标树描述能力不足的问题，本章在与/或目标树的基础上，通过引入目标间的时序关系和目标间的可满足性依赖关系，建立了一种具有时序约束和满足依赖关系的与/或目标图方法，并给出了其中的目标满足性传递算法。

与本章内容相关的进一步研究包括：

（1）建立包括模糊目标在内的目标描述、推理方法，从而扩展目标描述的范围，提高目标推理的实用性。

（2）研究各原子目标可满足性/不可满足的初始值，本文采用的是专家经验法，根据以往目标可满足情况设定，实际应用中由于环境不断变化，对其初始值的设定要受到多个因素的影响。

参考文献

[1] Cichocki A，Rusinkiewicz M，Providing Transactional Properties for Migrating Workflows[J]. Mobile Networks and Applications，2004，No. 9，473 - 480.

[2] 吴修国. 面向目标的迁移工作流建模方法研究[D]. 山东大学，2010.

[3] 郑楠，韩芳溪，曾广周. 面向目标的迁移工作流研究[J]. 计算机工程，2008，34(23)：38 - 40.

[4] 曾广周，党妍. 基于移动计算范型的迁移工作流研究[J]. 计算机学报，2003，26(10)：1343 - 1349.

[5] Rolland C，Souveyet C，Ben Achour C. Guiding goal modeling using scenarios[J]. IEEE Transactions on Software Engineering，1998，24(12)：1055 - 1071.

[6] A. Dardenne，A. van Lamsweerde，and S. Fickas. Goal-directed requirements acquisition[J]. Science of Computer Programming，1993. 20(1 - 2)：3 - 50.

[7] 蔡自兴. 人工智能辞典[M]. 化学工业出版社，2008 - 5 - 1.

[8] 蔡自兴，徐光祐. 人工智能及其应用[M]. 清华大学出版社，2000.

[9] Mylopoulos J，Chung L，Nixon B. Representing and using non-functional requirements：A Process-oriented approach[J]. IEEE Transactions on Software Engineering，1992. 6(18)：483 - 497.

[10] 蔡自兴. 人工智能辞典[M]. 化学工业出版社，2008 - 5 - 1.

[11] Chrysanthis P K，Ramamritham K. ACTA：a framework for specifying and reasoning about transaction structure and behavior[C]. In：Garcia-Molina H，Jagadish H V eds. Proceedings of the ACM SIGMOD Conference. Atlantic，NJ：ACM Press，1990. 194 - 210.

[12] Reuter A，Schwenkreis F. Contracts-a low level mechanism for building general-purpose workflow management systems[J]. Bulletin of the Technical Committee on Data Engineering，1995，18 (1)：4 - 9.

[13] 陈洪娜，祖旭，周峰. 工作流技术研究发展状况、研究内容及趋势[J]. 重庆工学院学报(自然科学版)，2006(02)：65 - 69.

[14] Petral Heinl，A Comprehensive Approach to Flexibility in Workflow Management System[J]. Software Engineering Notes，1999，24 [2]：79 - 88.

[15] 范玉顺，吴澄. 一种提高系统柔性的工作流建模方法研究[J]. 软件学报，2002，13[4]：833 - 839.

[16] 孙瑞志，周建涛，史美林等. 一个支持动态变化的工作流管理系统[J]. 小型微型计算机系统，2005，26(6)：1068 - 1072.

[17] 胡锦敏，张申生，余新颖. 基于 ECA 规则和活动分解的工作流模型[J]. 软件学报，2002，13[4]：761 - 767.

4 基于目标描述逻辑的迁移工作流系统

　　面向目标技术以其智能性、自主性而得到越来越广泛地研究与应用。在对传统描述逻辑这一知识表示的形式化工具分析基础上,充分利用描述逻辑强大的知识表示和推理能力,将目标的概念采用描述逻辑来描述:描述逻辑中的概念看做是"目标",关系看做是定义在"目标"集合上的二元关系,从而构建了具有可判定性的目标描述逻辑并定义了该框架下有关规划规则;建立了可用于目标一致性、目标可满足性判定的逻辑系统,并证明了它的可靠性和可判定性。

　　本章在对已有描述逻辑以及主体理论模型分析基础上,利用描述逻辑有效的推理功能,将目标的表示与推理以及目标的实现过程有机地整合在一起,形成一种统一的形式化框架——目标描述逻辑(Goal Description Logics,GDLs)。本章组织如下:第4.1节给出了研究背景;第4.2节对传统描述逻辑进行了简要介绍;第4.3节提出了目标描述逻辑的语法与语义以及目标规划;第4.4节对目标描述逻辑中有关推理问题进行了研究;第4.5节给出了一个具体的应用例子;第4.6节对相关的研究及下一步的工作进行探讨;第4.7节简单总结全文并提出下一步的工作。

4.1　引言

　　在智能主体(Intelligent Agent)领域中,主体是否具有自主执行任务的能力成为判断其智能水平高低的一个重要标志。即在主体目标给定的情况下,是否能感知环境的变化,并能够对已有的或者将来的行为进行推理、规划或者预测,以实现预先确定的主体目标。通过目标描述,用户只需声明需要达到的效果,而不必了解主体的具体实现过程。

　　明确的目标表达与推理可以使人们更关注于主体潜在的行为,为主体目标提供良好的实现基础。传统的目标描述与推理是以一阶逻辑(First Order Logic,FOL)作为理论基础的。直接使用一阶逻辑存在语义不够自然、推理过程繁琐和没有完备的公理体系等问题。用任务逻辑来描述主体目标是一个研究方向,文献[1]首次提出并系统地研究了谓词框架下的任务逻辑(Logic of Tasks)。然而,该框架下任务的可完成性是不可判定的。文献[2]针对宣称型(Declarative)目标定义了一种面向目标的主体语言 GOAL(Goal-Oriented Agent Language),但并未对过程型目标(Procedural Goals)进行深入研究;而且缺少对目标规划的操作。文献[3]将上述两种类型目标结合起来形成一个统一的概念,提出了一种主体描述语言 Dribble。Dribble 语言是一种不包含变量的命题语言,它的表达能力过于简单,难以表达复杂的目标。

文献[4]认为主体设计的坚实理论基础必须建立在知识表示和推理的理论之上,必须有一个有效的理论工具来对主体自身及其所在领域进行形式化。而描述逻辑(Description Logics,DLs)作为一种知识表示的形式化工具,因其具有可判定性、带有语义、提供有效的推理服务等优点近年来被广泛应用于计算机科学的众多领域中,如概念建模、服务描述等。文献[5]明确指出描述逻辑可以作为一种本体语言,从而可以将描述逻辑作为智能主体研究的逻辑基础。

基于上述原因,在对传统描述逻辑以及主体理论模型分析基础上,针对智能主体领域中目标的特点,本章构建了一个具有清晰语义与可判定性的形式化框架——目标描述逻辑(Goal Description Logics,GDLs),并借鉴传统描述逻辑的语义给出目标的语义解释,还对目标一致性和可满足性的推理机制进行了研究,以满足智能主体的理论要求。

4.2 描述逻辑基础

4.2.1 描述逻辑

描述逻辑(Description Logics,DLs)是一种基于逻辑的知识表示语言,也叫概念表示语言或术语逻辑。它吸收了 KL-ONE 的主要思想,是一阶逻辑的可判定的子集,具有合适定义的语义,以及很强的表达能力。

一个描述逻辑系统包含四个基本组成部分:

(1) 表示概念和关系的构造集。

(2) TBox 包含断言。

(3) ABox 实例断言。

(4) TBox 和 ABox 上的推理机制。

描述逻辑系统的表达能力和推理能力取决于对以上几个要素的选择以及不同的假设。一般来说,描述逻辑有两个基本元素,即概念(Concept)和关系(Role)。概念解释为一个领域的子集;关系则表示在领域中个体之间所具有的相互关系,是在领域集合上的一种二元关系[6]。

在一定领域中,一个知识库 $K=\langle T, A \rangle$ 由两个部分组成:TBox T 和 ABox A。其中,TBox 是一个关于包含断言的有限集合,也称为术语公理的集合。包含断言的一般形式为 $C \sqsubseteq D$[①],其中 C 和 D 都是概念。ABox 是实例断言的有限集合,形为 C(a),其中 C 是一个概念,a 是一个个体的名字,或者形为 R(a, b),其中 R 为一个关系,a 与 b 为两个个体的名字。

一般地,描述逻辑依据提供的构造算子,在简单的概念和关系上可以构造出复杂的概念

---

① 符号 $\sqsubseteq$ 与集合包含符号 $\subseteq$ 不同。

和关系。通常描述逻辑至少包含以下算子：交($\sqcap$)，并($\sqcup$)，非($\neg$)，存在量词($\exists$)和全称量词($\forall$)。这种最基本的描述逻辑称之为 ALC。在 ALC 的基础上再添加不同的构造算子，则构成不同表达能力的描述逻辑。例如，在 ALC 上添加数量约束算子"$\leqslant$"和"$\geqslant$"，则构成描述逻辑 ALCN。ALC 语义将概念解释为一定领域的子集，关系是该领域上的二元关系。形式上，一个解释 $I=\langle \triangle^I, \cdot^I \rangle$ 由解释的领域 $\triangle^I$ 和解释函数 $\cdot^I$ 所构成，其中解释函数把每个原子概念 A 映射为 $\triangle^I$ 的子集，而把每个原子关系 R 映射为 $\triangle^I \times \triangle^I$ 的子集。

（1）一个解释 I 是包含断言 $C \sqsubseteq D$，当且仅当 $C^I \subseteq D^I \Leftrightarrow C \sqcap \neg D$ 是不可满足的。

（2）解释 I 是 C(a) 的模型，当且仅当 $a \in C^I$；I 是 P(a, b) 的模型，当且仅当 $(a, b) \in P^I$。

（3）解释 I 是知识库 K 的模型，当且仅当 I 是 K 中每个包含断言和实例断言的模型。

（4）若 K 有模型，则称 K 是可满足的。

（5）若断言 σ 对于 K 的每个模型是满足的，则称 K 逻辑蕴含 σ，记为 $K \models \sigma$。

（6）对于概念 C，若 K 有一个模型 I 使得 $C^I \neq \varnothing$，则称 C 是可满足的。

表 4-1 给出了描述逻辑 ALC 的语法与语义。

表 4-1 ALC 的语法和语义

构造算子	语 法	语 义	例 子
原子概念	A	$A^I \subseteq \triangle^I$	Human
原子关系	R	$R^I \subseteq \triangle^I \times \triangle^I$	has-child
合取	$C \sqcap D$	$C^I \cap D^I$	Human $\sqcap$ Male
析取	$C \sqcup D$	$C^I \cup D^I$	Doctor $\sqcup$ Lawyer
非	$\neg C$	$\triangle^I \backslash C$	$\neg$ Male
存在量词	$\exists R. C$	$\{x \mid y < x, y> \in R^I \wedge y \in C^I\}$	$\exists$ has-child. Male
全称量词	$\forall R. C$	$\{x \mid y < x, y> \in R^I \Rightarrow y \in C^I\}$	$\forall$ has-child. Doctor

4.2.2 描述逻辑推理机制

描述逻辑中的基本推理问题主要包括概念的可满足性、概念间的包含关系、实例检测、一致性检测等。其中，概念的可满足性问题是最基本的问题，其他的推理基本上都可以转化为概念的可满足性问题。

描述逻辑的推理功能主要由描述逻辑 Tableaux 算法实现。不同的描述逻辑有不同的 Tableaux 算法，如：ALC 有 ALC-Tableaux 算法，而 ALCN 的 Tableaux 算法对 ALC-Tableaux 算法进行了扩充等。即使对于同一种描述逻辑，也有不同的 Tableaux 算法，如有的 Tableaux 算法只针对 ABox，有的 Tableaux 算法只针对 TBox，而有的 Tableaux 算法可以针对 ABox 和 TBox。第三种 Tableaux 算法的功能最强，同时它也可以实现前两种功能。依据描述逻辑 Tableaux 算法，采用 Java 语言可实现一个 DL 推理机 DLRM，它具有五种强大的推理功能：

（1）判断概念的可满足性，即判断知识库中是否存在一个个体满足该概念。

（2）判断关系可满足性，即判断知识库中的某两个个体是否满足该关系。

（3）判断概念间的包含关系，即判断某两个概念之间是否满足包含关系。

（4）实例检测，即判断某特定的个体是否是某概念的实例。

（5）实例检索，即检索某概念在知识库中的所有实例。

检验一个概念的可满足性，实际上就是看是否有解释使得这个概念成立。例如，对概念 Male $\sqcap$ Female，即需要检测是否有性别既是男的又是女的这样的人。若确实没有这种两性人，则可以断言这个概念是不可满足的。

而对于概念 Student $\sqcap$ Worker，它是可满足的，它代表那些在职学生的集合。在描述逻辑中，可以利用下述性质对推理问题进行约简，转化为概念的可满足性问题，进而将推理问题进行简化。对于概念 C 和 D，有如下命题成立：

（1）C$\sqsubseteq$D$\Leftrightarrow$C $\sqcap$[①] $\neg$ D 是不可满足的。

（2）C$\doteq$D 是等价的$\Leftrightarrow$(C $\sqcap$ $\neg$ D)与(D $\sqcap$ $\neg$ C)都是不可满足的。

（3）C 与 D 是不相交的$\Leftrightarrow$C $\sqcap$ D 是不可满足的。

为了充分支持目标的可判定性推理，首先给出 Badder 和 Hanschke 提出的将描述逻辑和具体域相结合而定义的描述逻辑 ALC(D)[6]。

定义 1 具体域 D(Concrete Domain D)

具体域 D 是一个二元组$\langle \triangle^D, \Phi^D \rangle$，其中$\triangle^D$是一个被称为域的集合，$\Phi^D$是谓词名的集合。$\Phi^D$中的谓词都是 n 维的，并且任意一个 n 元谓词 $p^D \subseteq (\triangle^D)^n$。具体域 D 被称为可纳的当且仅当具体域 D 的谓词名的集合在非运算下是闭合的，包含一个$\triangle^D$名，并且有限个谓词的合取运算的可满足性是可判定的。

4.2.3 基于描述逻辑的目标推理

4.2.3.1 语义描述

在关于主体的研究中，主体被看做是用来设计完成某类任务的、能在一定环境中有生命周期的、可以自主控制行为的、可以移动的计算实体。它具有自治性、反应性、能动性、学习性、通信性和移动性等特性。其中的能动性主要表现为面向目标的行为。一般地，目标被看做是希望系统达到的状态或者通过采取某项行动后收到的效果，是对意向的一种说明性的描述。

通常地，主体能力描述和推理首先要描述主体自身的能力。而在描述主体能力时，往往将其表示为主体能完成的目标的集合。也就是说，主体的能力描述是一个由有限个简单目标组成的集合(记为Σ)。主体在完成既定的目标之前，需要在自身的能力基础上对目标进行推理，包括建立目标层次结构，判定它的一致性、可满足性等。本节利用描述逻辑具有自动判断概念包含关系的有效推理功能，利用 DL 推理机为主体目标推理提供自动的目标分层机制以及自动建立目标分层，然后在该目标分层的基础上判定目标的可满足性。

基于描述逻辑的目标的语义由以下各部分组成：

（1）非空集合$\triangle$，是领域中所讨论的所有目标的集合，包括原子目标和中间目标等。称为论域。

（2）解释映射 I，它对形式系统中的个体常元、概念和关系加以解释：

① 个体常元是论域中的一个具体目标。

---

① 符号$\sqcap$与集合符号$\cap$不同。

② 概念是论域△的一个子集。

③ 关系是该论域上的二元关系。

在接下来的讨论中,将公式称为目标公式或者目标。

4.2.3.2　目标一致性判定

赋予主体的目标并不一定都是一致的。对于不一致的目标,主体当然不能实现。因此,检验目标的一致性是进行目标推理的基础。比如,目标 $\alpha = \text{Arrive}(\text{Beijing}) \sqcap \text{Leave}(\text{Beijing})$,对于这样的目标就是不一致的,或者冲突的。

定义 2　目标公式 α 是冲突的,当且仅当具有如下情形之一:

(1) $\{\bot(a)\}$

(2) $\{C(a), \neg C(a)\}$

(3) $\{R(a, b), \neg R(a, b)\}$

其中 C 为任意概念,R 为关系,a,b 为任意个体常元。

定义 3　一个目标公式集 α 是一致的,当且仅当 α 中不含冲突;否则称 α 是不一致的。

下面给出目标公式集的一致性检测算法。该算法主要利用 DL 中基本的公理对原有的公式集进行扩充,然后检测是否有冲突出现。假设 α 为目标公式,α 中的公式都是否标准式,即所有的 ¬ 操作符都出现在原子目标之前。如果一个目标公式不是否标准式,可以按照以下规则进行转换:

$$\neg(\alpha \sqcap \beta) \Leftrightarrow \neg\alpha \sqcup \neg\beta$$
$$\neg(\alpha \sqcup \beta) \Leftrightarrow \neg\alpha \sqcap \neg\beta$$

算法通过以下步骤对 α 进行扩充并检测:

步骤 1　若有 $C(x) \in \alpha$,且有 $\forall x(C(x) \rightarrow D(x))$,则把 $D(x)$ 添加到 α 中。

步骤 2　使用下述规则对 α 中的公式进行扩充,直到没有可用的规则:

(1) $\sqcap$ 规则:若 $C_1 \sqcap C_2(x) \in \alpha$,并且 $C_1(x) \notin \alpha$, $C_2(x) \notin \alpha$,则将 $\{C_1(x), C_2(x)\}$ 并入 α 中;

(2) $\sqcup$ 规则:若 $C_1 \sqcup C_2(x) \in \alpha$,并且 $C_1(x) \notin \alpha$, $C_2(x) \notin \alpha$,则将 $\{D(x)\}$ 并入 α 中,其中 $D = C_1$ 或者 $D = C_2$;

(3) $\exists$ 规则:若 $\exists R.C(x) \in \alpha$,且没有 y 使得 $R(x, y)$ 且 $C(y) \in \alpha$,则将 $\{C(y), R(x, y)\}$ 并入 α 中;

(4) $\forall$ 规则:若 $\forall R.C(x) \in \alpha$, $R(x, y) \in \alpha$,且 $C(y) \notin \alpha$,则将 $\{C(y)\}$ 并入 α 中。

步骤 3　最后检测 α 中是否含有冲突,若没有冲突,则 α 是一致的,否则 α 是不一致的。算法终止。

在上述几个步骤中,步骤 2 中的"(2)$\sqcup$ 规则"是不确定,可能得到两个分支 α_1 和 α_2。若多次使用该规则,则将得到一个有穷的集合 $\{\alpha_1, \alpha_2, \cdots, \alpha_n\}$。此时,只要 $\alpha_1, \alpha_2, \cdots, \alpha_n$ 中有一个公式集是一致的,即目标公式 α 不包含冲突,α 就是一致的;若 $\alpha_1, \alpha_2, \cdots, \alpha_n$ 中都包含冲突,则公式 α 就是不一致的。在算法的实际运行中,只要有一个分支出现了冲突,则就可以将该分支丢掉。

定理 4-1　目标公式集的一致性问题是可判定的。

证明　要检测目标公式集 α 是否一致,主要就是查找公式集中是否含有冲突。一个目标公式可以在各种规则的作用下进行扩充，正如上述算法所描述的。现在只需证明该算法确定终止就可以了。下面分别对算法的各个步骤进行证明：

（1）算法的第一步使用公理对公式集进行扩充，主要是进行概念的替换操作，因此在多项式时间内就可以完成，是确定的。

（2）第二步是用与概念运算对应的四个规则，其中只有⊔是不确定的规则，至多可能出现完全二叉树的情形，即至多可以在指数时间内完成；而其他规则都是确定可执行的，因此，第二步至多可以在指数时间内完成。

当公式通过上述步骤进行扩充后，它是确定可以终止的，而在得到公式集中查找冲突的过程是确定的。要么有冲突，是不一致的；要么没有冲突，是一致的。因此，目标公式的一致性判断过程是确定可终止的，是可判定的。

证毕。

4.2.3.3　目标的概念分层

一般来说，解决一个具体目标的方法，是将目标分解为"And/Or"结构的树，即将目标分层。目标分层可以使得主体知识库中的概念层次清晰，结构完整，更易于目标的推理。

假设主体知识库中的所有目标的集合 $\alpha = \{\alpha_1, \alpha_2, \cdots, \alpha_n\}$，规定 α 中不包含相等（或等价）的目标，可以利用描述逻辑推理机建立目标层次结构。算法如下：

输入：目标集合 $\alpha = \{\alpha_1, \alpha_2, \cdots, \alpha_n\}$。

输出：目标分层结构图 G_α。

（1）初始化 $G_\alpha = $null。

（2）如果 α 为空，则算法结束，返回 G_α。

（3）从 α 中取出 α_i，$1 \leqslant i \leqslant n$，修改 $\alpha = \alpha - \{\alpha_i\}$。

（4）若 G_α 为空，生成根节点 root＝new node("root")，生成节点 node(G_i)，并令 parent(node(G_i))＝root。

（5）调用 insert(root, G_i)函数。

（6）Goto（2）。

函数 Insert(root, G_i)步骤如下：

（1）令 Children＝children(root)。

（2）若 Children 为空，生成新节点 node(G_i)，令 parent(node(G_i))＝root，函数返回。

（3）从 Childen 中取出 Child，令 Children＝Children-{Child}。

（4）根据描述逻辑推理，如果 Child. Concept 与 G_i 无关，则 Goto（2）。

（5）根据描述逻辑推理，如果 G_i 包含 Child. Concept，生成新节点 node(G_i)，令 parent(node(G_i))＝root，并令 parent(Child)＝node(G_i)，同时删除关系 parent(Child)＝root，函数返回。

（6）递归调用 insert(Child, G_i)。

几点说明如下：

（1）两个概念 C 和 D 无关是指 $C \sqsubseteq D$ 和 $D \sqsubseteq C$ 都不成立。

（2）函数 children(node G)表示求出节点 G 的所有直接子节点的集合。

（3）函数 parent(node G)表示求出节点 G 的直接父节点。

（4）new node(G)表示生成新节点 G。

(5) parent(node(C))＝node(D)表示将节点 D 赋为节点 C 的父节点。

定理 4-2 目标分层算法是有效的,即它的结果是满足目标概念分层定义的一个有向无环图。

证明 首先证明上述算法的结果是有向无环图,不是有环图。假设结果是有向有环图,则在返回结果的目标概念分类图中必须至少存在一个有向循环子图,不妨假设该循环子图有如下结构: $G_1 \rightarrow G_2 \rightarrow \cdots \rightarrow G_n$,则说明存在 $G_1 \sqsubseteq G_2 \sqsubseteq \cdots \sqsubseteq G_n$,因此有 $G_1 \equiv G_2 \equiv \cdots \equiv G_n$,这和条件假设中矛盾。

然后,证明返回结果仅有一个有向无环图。根据算法 1(4)和函数 insert(root, G_i)可知,返回结果是一个以 root 为根节点的有向无环图。

证毕。

4.2.3.4 一个简单的例子

图 4-1 所示是一目标层次结构例子。各目标描述如下:

(1) 目标 g: Assemble(PC),是组装一台 PC 机。

(2) 目标 g_1: Buy(HD),购买硬盘。

(3) g_2: Buy(FD),购买软驱。

(4) g_3: Buy(MainBoard),购买主板。

(5) g_4: Con(OS),安装操作系统。

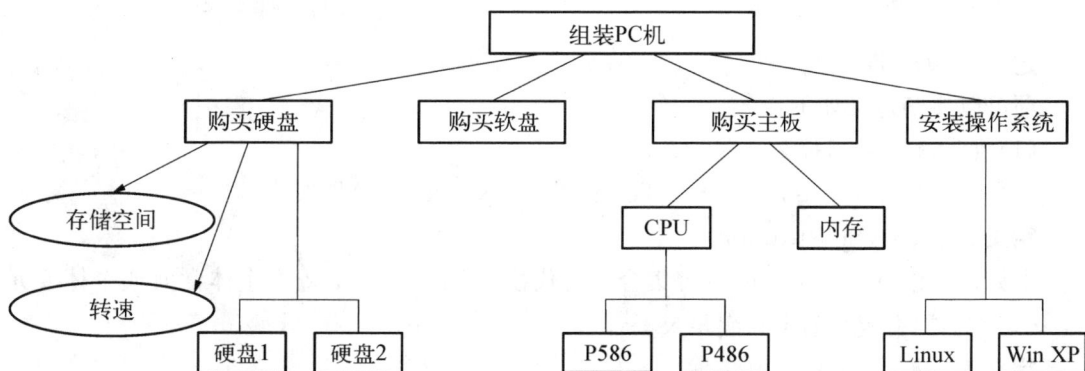

图 4-1 目标层次结构例子

假设,HD1 型硬盘的容量是 4G,而安装 Win XP 操作系统所需的空间至少是 2G。如下描述:

HD1 $\sqsubseteq$ Hard_Disk $\sqcap$ $\forall$ storage_space. storage_space$_{HD1}$

Win_XP $\sqsubseteq$ Operation_System

$\sqcap$ storage_space_req. Storage_space_req$_{operation\_System}$;

在上面的表达式中,约束"Storage space"用属性名"Storage_space"来表示,同时需要给出约束条件:

Storage_Space $\geq 4 * 2^{30}$;

Storage_Space_req$_{operation\_System} \geq 2 * 2^{30}$

本节针对主体在迁移过程中对自身知识库的组织问题,提出了一种基于描述逻辑的方法。该方法结合了描述逻辑的概念包含问题判定,给出了构建目标层次结构的算法。由于描述逻辑具有强大的描述能力以及可判定性等特点,因此本节的方法为智能主体的实现提供了技术基础。下一步将研究如何将时序结构引入到目标推理中,以便更好地满足动态环境下目标推理的需要。

4.3　目标描述逻辑的语法与语义

从理论上讲,目标就是主体准备努力去实施的动作或者达到某个状态,它驱动着主体去完成一定的任务,从而为系统或者用户提供相应的服务。对同一个目标可以有多种不同的实现方式,实现的结果就是目标的状态。由上一节介绍的描述逻辑理论可知,描述逻辑作为知识表示的形式化基础,具有很强的知识表示和推理能力,但是在对目标这一具体领域进行描述来支持具体知识的表示时,还必须考虑如何将概念知识与目标特点结合起来。接下来,在传统描述逻辑基础上通过对概念等的扩展给出目标描述逻辑(Goal Description Logics,GDLs)的语法和语义,并给出了目标修正规则,以及与目标相关的规划(Plan)的定义。

设有常量的集合 Cons$=\{a_1, a_2, \cdots\}$,变量的集合 Var$=\{x_1, x_2, \cdots\}$,函数的集合 Fun$=\{f_1, f_2, \cdots\}$。下面给出目标描述逻辑的语法与语义。

4.3.1　语法结构

定义 1　项(Term)。

项可以递归定义如下:

(1) 如果 $x \in$ Var,那么 x 是项;

(2) 如果 $f \in$ Fun,$x_1, x_2, \cdots \in$ Term,那么 $f(x_1, x_2, \cdots)$ 是项。

定义 2　代换(Substitution)。

形如 $\{x_1/t_1, \cdots, x_n/t_n\}$ 的有穷集合称为代换,其中 $x_1, \cdots, x_n$ 为个体常元或个体变元;$t_1, \cdots, t_n$ 为项,并且任意 $i \neq j$ 满足 $x_i \neq x_j$, $i, j \in [1, \cdots, n]$。

定义 3　概念(Concept)。

目标描述逻辑中概念定义如下:

(1) 原子概念 P、全概念・和空概念⊥都是概念。

(2) 如果 C 和 D 是概念,则 ¬C,C ⊓ D,C ⊔ D 都是概念。

(3) 如果 R 为关系,C 为概念,则 ∃R.C,∀R.C 都是概念。

定义 4　公式(Formula)。

目标描述逻辑中公式定义如下:

(1) 形如 C(a) 和 R(a, b) 的表达式称为断言公式或 ABox 断言,它们是不带变元的,也称为基公式(Ground Formula)。

(2) 形如 C(x) 和 R(x, y) 的表达式称为一般公式,它们是带变元的。

(3) 断言公式和一般公式都是公式。

(4) 如果 φ 和 ψ 是公式,则 ¬φ,φ∧ψ,φ∨ψ,φ→ψ 都是公式。

定义 5　原子目标(Atomic Goal)。

在目标描述逻辑中，一个原子目标可以描述为：$g(x_1, x_2, \cdots, x_n) = \dfrac{p : s}{f}$，其中：

（1）g 是原子目标名，$x_1, x_2, \cdots, x_n$ 为个体常元或者个体变元，用于确定目标 g 的属性。

（2）p 是前提公式集（pre-conditions set）。用于指定目标实现前必须满足的条件，由一般公式即 $C(x_i)$ 或 $R(x_j, x_k)$（$1 \leqslant i, j, k \leqslant n$）组成，有时也称为满足性条件（Satisfaction Conditions）。

（3）s 是结果公式集（post-conditions set），用于描述目标满足时对外部世界的影响。它由一般公式组成，如果公式 s_i 前有符号"￢"，则目标满足时应从 ABox 中删除事实 s_i，否则在 ABox 中加入事实 s_i。

（4）f 是目标的失效（舍弃）公式集（failure-conditions set），目标实现过程中用于检测是否终止实现当前目标。

在下面的讨论中，分别用 p(g)，s(g) 和 f(g) 来表示目标 g 的前提公式集、结果公式集和失效公式集。

定义 6　目标公式（Goal Formula）。

在目标描述逻辑中，目标公式定义如下：

（1）如果 g 是一个 n 维原子目标名，$t_1, t_2, \cdots, t_n$ 是项，则 $g(t_1, t_2, \cdots, t_n)$ 是目标公式，称为原子目标公式。

（2）如果 g_1, g_2 是目标公式，则 g_1 **And** g_2，g_1 **SeqAnd** g_2 是目标，**And** 和 **SeqAnd** 被称作目标的"与"操作符。

（3）如果 g_1, g_2 是目标公式，则 g_1 **Or** g_2，g_1 **SeqOr** g_2 是目标，**Or** 和 **SeqOr** 被称作目标的"或"操作符。

（4）如果 g 是目标公式，g^* 是目标，$*$ 被称作循环操作符。

（5）如果 g 是目标，那么 g? 也是目标，称为测试型目标。

在本节中，目标公式也简称为目标。含有一个或多个操作符的目标称为复合目标。一个复合目标公式的复杂度定义为该目标公式中所包含的操作符和量词（∃和∀）的个数，复杂度为零的目标公式称为简单公式（Primitive Formula）。不带变元的目标称为基目标（Ground Goal）。一个带变元的目标，可以通过在每个变元处用对象代换，从而获得该目标的实例，因此目标公式可以看做是一组目标实例的集合。

4.3.2　目标的语义

不论是宣称型（Declarative）目标还是过程型（Procedural）目标，目标最终都可以看做是主体期望达到的某个状态。在该状态下，所有个体的属性、关系等事实的描述构成世界状态的描述，它们都可以用断言公式来表示。因此，一个目标描述就可以解释为由断言公式集所确定的世界状态，这样就可以较为直观地理解目标的语义。设 $W = \{w_1, w_2, \cdots\}$ 为 GDL 形式系统中所有状态的集合，且 w_i 是 w_j 的后续状态当且仅当 $i < j$。

定义 7　目标状态（Goal State）。

如果一个目标 g 的结果公式集 s(g) 中的任意一个断言公式都能由状态 w（$w \in W$）导出，则称 w 为 g 的目标状态。形式化表示为：

$Sta(g, w)$ 当且仅当 $\forall \varphi \in s(g)$，都有 $w \vDash \varphi$。

下面给出原子目标和复合目标语义解释。

(1) $g=\{w\,|\,Sta(g,w),w\in W\}$。

(2) $g_1 \textbf{ And } g_2=\{w_i\cap w_j\,|\,Sta(g_1,w_i)\wedge Sta(g_2,w_j),w_i,w_j\in W\}$。

(3) $g_1 \textbf{ SeqAnd } g_2=\{w_i\cap w_j\,|\,Sta(g_1,w_i)\wedge Sta(g_2,w_j)\wedge(i<j),w_i,w_j\in W\}$。

(4) $g_1 \textbf{ Or } g_2=\{w_i\cup w_j\,|\,Sta(g_1,w_i)\vee Sta(g_2,w_j),w_i,w_j\in W\}$。

(5) $g_1 \textbf{ SeqOr } g_2=\{w_i\cup w_j\,|\,(Sta(g_1,w_i)\vee Sta(g_2,w_j))\wedge(i<j),w_i,w_j\in W\}$。

(6) $g^*=\{w\,|\,Sta(\cdots(Sta(g,Sta(g,w)))\cdots),w\in W\}$。

(7) $g?=\{w\,|\,w\vDash s(g),w\in W\}$。

下面给出有关目标之间关系的几个新概念,这些概念可以作为传统描述逻辑的有益补充。

定义 8 目标包含(Goal Subsumption)。

假设 g_1,g_2 是目标(原子目标或复合目标),如果在任意状态 $w\in W$ 下有 $Sta(g_1,w)$,都有 $Sta(g_2,w)$,则称目标 g_1 包含目标 g_2,或者称目标 g_2 被目标 g_1 包含,记为 $g_2\sqsubseteq g_1$ 或者 $g_1\sqsupseteq g_2$。

例如,给定三个目标结果公式集的描述:$s(g_1)=(A(a),\neg A(b))$,$s(g_2)=(A(x),\neg A(y))$,$s(g_3)=(A(x),A(y))$。其中,a,b 是个体常元,x,y 是个体变元,则有 $g_1\sqsubseteq g_2$,但目标 g_1 和 g_3 之间不存在包含或被包含关系。

定义 9 目标等价(Goal Equation)。

假定 g_1,g_2 是目标(原子目标或复合目标),如果满足 $g_1\sqsubseteq g_2$ 且 $g_2\sqsubseteq g_1$,则称目标 g_1 和 g_2 等价,记为 $g_1\equiv g_2$。

4.3.3 目标规划

主体一旦有了确定的目标之后,就需要寻找一种有效的方法和途径来实现这些目标,这种推理过程就是目标规划(Goal Plan)。在目标描述逻辑中目标规划包含以下内容:

(1) 与规划相关联的目标。

(2) 规划可执行需要满足的上下文环境。

(3) 基本的行为,包括动作,子目标,子规划等以及规划操作符(;,∥)等。

定义 10 目标规划(Goal Plan)。

在目标描述逻辑中,目标规划 p 具有如下的形式:$p\colon g\Leftarrow\dfrac{\varphi}{(b_s\,|\,s_g\,|\,s_p)}$。其中:

(4) p 是目标规划名。

(5) g 是目标名,称作规划的头。

(6) φ 为规划的前提条件,由公式(断言公式或一般公式)组成。

(7) $(b_s\,|\,s_g\,|\,s_p)$ 是规则体,b_s 表示基本动作,s_g 表示子(中间)目标,s_p 表示子(中间)规划。此外,还定义了两个规划操作符"∥"和";",$(p_1\,\|\,p_2)$ 和 $(p_1\,;\,p_2)$ 分别表示并行和串行的两个规划组合。

目标规划的语义为:如果前提条件 φ 成立,则通过采取以下策略 $(b_s\,|\,s_g\,|\,s_p)$ 就可以实现目标 g。出现在规则头部的变量称为全局变量,其他不在规则头部的变量称为局部变量。由于目标规划总是与某一特定目标有关。因此,目标规划通常被简称为规划。

目标规划指明了达到一个特定目标的方法,即说明实现一个目标具体需要哪些操作,这些操作以什么方式和顺序进行组合并执行。通常在实现目标的工作流程比较固定,外界环境变化不大的情况下,可以预先制订一些与目标相对应的规划。

在一般描述逻辑框架下,一个知识库通常包括 TBox 和 ABox 两部分。当将描述逻辑扩展为目标描述逻辑之后,相应的目标描述逻辑的知识库有如下定义。

定义 11　知识库(Knowledge Base)。

目标描述逻辑中的知识库是一个三元组 K=〈T, A, P〉,其中:

(1) T 为包含断言集合 TBox。

(2) A 为实例断言集合 ABox。

(3) P 为目标规划集。

4.4　目标描述逻辑的推理问题

传统描述逻辑中的基本推理问题主要有四个,即概念可满足性、概念包含、一致性以及实例检测等,相应的,目标描述逻辑也有关于目标的四个基本推理问题。由于目标包含与目标实例检测可以转化为目标的一致性和可满足性问题,下面重点讨论目标的一致性和目标可满足性推理问题。

4.4.1　目标描述的一致性判定

目标描述是用来刻画主体期望达到的状态,是对世界状态的描述。这要求目标描述是一致的、合理的、不包含冲突的。因此,在主体实现目标之前,应该对它们的合理性和一致性进行检测。

定义 1　原子目标一致性(Atomic Goal Consistency)。

一个原子目标描述是一致的,当且仅当对于任意的个体常元 a_1, a_2, …, a_n,目标实例 $g(a_1, a_2, …, a_n)=\dfrac{p \vdots s}{f}$ 的前提公式集 $p(a_1, a_2, …, a_n)$、结果公式集 $s(a_1, a_2, …, a_n)$ 以及失效公式集 $f(a_1, a_2, …, a_n)$ 都是一致的。

在本书中我们仅关注于无环的目标,因此给定一个复合目标 g,它总是能够展开为仅由原子目标组成的目标序列。

定义 2　复合目标一致性(Composite Goal Consistency)。

复合目标是一致的,当且仅当组成它的每一个原子目标都是一致的。

因为目标描述是对某一类目标的一般性描述,它抽象出了属于该目标的所有目标实例的基本属性。因此,在验证其描述的一致性时,只需构造出任意一个目标实例,然后检测其一致性就可以了。在代入任意个体实例 a_1, a_2, …, a_n 之后,目标的前提公式集 $p(a_1, a_2, …, a_n)$、结果公式集 $s(a_1, a_2, …, a_n)$ 和失效公式集 $f(a_1, a_2, …, a_n)$ 等都可以转换为传统描述逻辑中断言公式的集合。因而,目标描述的一致性问题就转化成了断言公式集的一致性问题。由于文献[7]证明了断言公式集的一致性问题是可判定的,因而有如下定理。

定理 4-3　目标描述的一致性问题是可判定的。

4.4.2　目标的可满足性判定

在试图实现一个目标之前,需要检测一下该目标在当前状态下是否是可实现的,即它的前提条件是否是可满足的。

定义 3 原子目标可满足性(Atomic Goal Possible Satisfiability)。

一个目标 g 在状态 $w(w \in W)$ 下是可满足的,当且仅当 g 的前提条件 p 中的每个断言公式都能在 w 中导出,并且 g 的失效条件 f 不能由 w 导出。形式化表示为

$$Poss(g, w) \Leftrightarrow \forall \varphi \in p, 都有 w \vdash \varphi, 并且 \forall \varphi' \in f, 都有 w \nvdash \varphi'.$$

由于每个状态就是一个断言公式的集合,因此这里可以通过判断该目标的前提条件中每个断言公式是否都可在当前状态下导出,来确定目标的可满足性。复合目标的可满足性有如下结论。

(1) $Poss(g_1 \textbf{ And } g_2, w) \Leftrightarrow Poss(g_1, w) \wedge Poss(g_2, (w-p(g_1)) \bigcup s(g_1))$ 或 $Poss(g_2, w) \wedge Poss(g_1, (w-p(g_2)) \bigcup s(g_2))$。

(2) $Poss(g_1 \textbf{ SeqAnd } g_2, w) \Leftrightarrow Poss(g_1, w) \wedge Poss(g_2, (w-p(g_1)) \bigcup s(g_1))$。

(3) $Poss(g_1 \textbf{ Or } g_2, w) \Leftrightarrow Poss(g_1, w) \vee Poss(g_2, (w-p(g_1)) \bigcup s(g_1))$ 或 $Poss(g_2, w) \vee Poss(g_1, (w-p(g_2)) \bigcup s(g_2))$。

(4) $Poss(g_1 \textbf{ SeqOr } g_2, w) \Leftrightarrow Poss(g_1, w) \vee Poss(g_2, (w-p(g_1)) \bigcup s(g_1))$。

(5) $Poss(g^*, w) \Leftrightarrow Poss(g, Poss(g, \cdots Poss(g, w) \cdots))$。

(6) 对于测试目标 g?,它在任意状态下都是可满足的。

定理 4-4 在目标描述逻辑(GDLs)中,目标可满足性问题是可判定的。

证明 要证明目标可满足性推理是可判定的,只需说明存在一组常量的集合 a_1, a_2, $\cdots$, a_n, 使得 $p(a_1, a_2, \cdots, a_n) \wedge \neg f(a_1, a_2, \cdots, a_n)$ 为真。令断言公式集 $F = \{p(a_1, a_2, \cdots, a_n) \wedge \neg f(a_1, a_2, \cdots, a_n)\}$, 然后利用一致性检测算法来判定 F 是否一致。如果 F 中不包含冲突,则 F 是一致的。此时即找到常量的集合,目标是可满足的;否则,如果 F 是不一致的,则说明目标是不可满足的。上述过程说明目标的可满足性问题可以直接转化为断言公式集的一致性问题。因此,由定理 4-3 可得,目标可满足性问题是可判定的。

尽管从理论上来说,如果目标是可满足的,在执行与目标相关的规划后就可达到预期的结果,即目标的结果公式集中的公式都可由目标状态导出。但在一个动态变化的环境中,目标的实现过程(即规划 p 的执行过程),仍然可能会出现以下情况:

(1) 规划 p 执行过程中,$s(g) \vee f(g)$ 为真(True);

(2) 规划 p 执行完成后,$s(g) \vee f(g)$ 为真(True);

(3) 规划 p 执行完成后,$s(g) \vee f(g)$ 为假(False)。

在第一种情况下,规划 p 执行过程中 $s(g) \vee f(g)$ 为真,此时放弃目标的实现,并返回部分目标实现的结果;在第二种情况下,规划执行完毕 $s(g) \vee f(g)$ 为真,目标实现过程终止,返回规划 p 即可;在第三种情况下,通过执行规划 p 并不能保证目标实现的终止过程,即目标并未得到满足,需要选择新的规划。

证毕。

4.5 举例

文献[8]提出了一个由迁移工作流引擎(Migrate Workflow Engine,MWfE),停靠站服务器(Anchor Server, AS)和工作机网络(WorkMachine Network, WMN)等组成的迁移工

作流的模型框架。其中,迁移实例(Migrate Instance,MI)是迁移工作流执行的主体,由它携带详细的任务说明,按照预先设定的任务执行相应的操作。由于迁移实例被严格的任务执行步骤所限制,执行过程缺乏灵活性和自主性。本节采用目标描述逻辑来描述迁移实例的目标说明。假定迁移实例目标为 g:购买 m 本书名为 DLs 的图书(PossessOf("DLs",m))。该目标可以描述为

(1) g. p＝Engouth(money)⊓ Available(Booksite)。

(2) g. s＝Possess(x)⊓ Book(x, m)。

(3) g. f＝∃ AccessSite(x, n)。

上述目标 g 的语义为:实现目标 g 前提条件包括有足够钱并且当前可以访问书店的网站;最终达到的目标是拥有 m 本书;如果在执行过程中发现不断查询的网站数目超过了 n 就放弃该目标的实现。

迁移实例将该目标分解为三个序列子目标:

(1) 首先找到书店,比如 www. book. com。

(2) 在该网站的搜索引擎中搜索图书《DLs》。

(3) 付款。

即:｛goto_Website(site);

Query(book);

pay_cart(book)｝

Query(book,A)? 是一个测试目标,用来查询当前书店 A 是否有图书 book,返回该图书的数量。与该目标关联的规划可以定义如下:

goto_Website(site);

$$\frac{@Query(《DLS》,x)}{[(x > m)?Order("DLS",m),Order("DLS",x);Query(《DLS》,m-x)]};$$

pay_cart(book);

其中 goto_WebSite(bookstore)是一个基本动作;";"是规划操作符,表示两个顺序连接;中间为测试当前书店图书的数量,返回 x,如果 y≥x 就将图书放入购物篮,然后付账;否则先购买 y 本,然后再查找其他书店购买(x-y)本。最后是子目标付款操作。

4.6　相关研究

目前,不同的学者从不同的角度对目标的描述与推理进行了较深入的研究。在目标描述方面,在文献[9]和文献[10]中,目标被定义为一组顺序的动作或计划。但是,我们认为,目标应该是需要达到的状态而不是某个特定的执行计划,而同一个目标状态可能存在多个不同的实现途径或方案。因此,目标的描述与目标的实现应该是分离的。

在规划描述方面,文献[9]将目标规划定义为由基本动作(Basic Action),子(中间)规划(Abstract Plan)以及 IF-Then-Else 结构组成;Dribble[3] 中定义的规划除了上述元素外,还包含可执行动作(Executable Action)。但是,它们都缺乏对规划的操作。

本章提出的目标描述逻辑与在文献[8]中提出的动态逻辑不同。文献[8]将动作引入描

述逻辑中,形成了一个既能处理静态知识也能处理动态知识的新的动态描述逻辑系统;而在本章中,将动作看做是规划的一个组成部分,主要在传统描述逻辑基础上引入算子以及规划等来处理目标的表示与推理,也就是说该理论与动态描述逻辑本身能起到互为补充的作用。

文献[12]在现有任务逻辑的基础上提出了描述任务逻辑(Description Logic of Tasks),但它仍然是囿于谓词逻辑框架的,是通过代换来判定任务的完成性;而且目标和任务不同,任务缺乏对期望状态的描述[13]。

4.7　本章总结

有关目标的表示与推理是近年来智能主体研究领域的重要课题之一。本章在智能主体的知识表示和推理方面,提出了一种新的描述方法——目标描述逻辑,它以描述逻辑为基础,将宣称型目标和过程型目标有机地结合起来,形成了一种统一的形式化框架。由于借鉴了传统描述逻辑的语义解释方法来解释目标,从而使得它具有清晰的语义特征,既可以提供可判定的推理服务,又能有效地对动态过程和运行机制进行表示和推理(目标之间的包含关系和等价关系)。它为主体领域模型提供了一种更有力的形式化工具,同时为智能主体的模型和设计提供了很好的理论工具[14-16]。

在下一步的工作中,主要研究以下内容:

(1)由于目标在满足时需要消耗一定的资源,有些资源是可重用的,而有些资源是消耗性的,如何将目标描述逻辑和资源逻辑结合起来,构建包含资源的目标描述逻辑。

(2)基于目标描述逻辑的主体心智模型的研究,即探讨主体信念、行为能力等心智要素的表示、推理与修改等基本问题。

参考文献

[1] Giorgi Japaridze. The logic of tasks[J]. Annals of Pure and Applied Logic,2002,117(1/3):263-295.

[2] Hindriks K V,S de Boer F,van der Hoek Wiebe,et al. Agent Programming With Declarative goals[C]. In:Cristiano Castelfranchi,Yves Lespérance eds. Intelligent Agents Ⅶ. Agent Theories Architectures and Languages,7th International Workshop,ATAL 2000(LNAI 1986). Berlin:Springer-Verlag,2001,228-243.

[3] van riemsdijk M B,van der Hoek W,and Meyer J-J Ch. Agent Programming in Dribble:from Beliefs to Goals with plans[C]. Proceedings of the second International Joint Conference on Autonomous Agents and Multiagent System(AAMAs'03),2003:393-400.

[4] Baral C,and Gelfond M. Reasoning agents in Dynamic Domains[M]. In JMinker ed. Logic Based Artificial Intelligence. NorWood,NJ:Kluwer Publishing. 2000.

[5] Baader F,Horrocks I,Sattler U. Description Logics as Ontology Languages for the Semantic Web[M]. In:Dieter Hutter and Werner Stephan,ed Festschrift in honor of Jörg Siekmann,Berlin:Springer,2003.

[6] Baader F,Calvanese D,McGuinness D,Nardi D and Patel-Schneider P. F. The Description Logic handbook:theory,implementation,and applications[M]. Cambridge University Press,2003.

[7] Dong Mingkai. Dynamic Description Logic for Intelligent Agent [D]. (in Chinese). Beijing:Institute

of Computing Technology, Chinese Academy of Sciences, 2003.

[8] Zeng Guangzhou, Dang Yan. The Study of Migrating Workflow Based on the Mobile Computing Paradigm. Chinese Journal of Computers[J]. 2003[26]10. 1343 – 1349.

[9] Hindriks K V, de Boer F, der Hoek W, Meyer J-J Ch. Agent Programming in 3APL[C], Autonomous Agents and Multi-Agent System2: 4, 1999: 357 – 401.

[10] Winikoff M, Padgham L, Harland J, Thangarajah J. Declarative and procedural goals in intelligent agent systems [C]. Proceedings of the 8th International Conference on Principles of Knowledge Representation and Reasoning (KR2002), Toulouse, 2002.

[11] Ugo Dal Lago, Marco Pistore and Paolo Traversa. Planning with a language for extended goal[C]. Proceedings of the 8th International Conference on Artificial Intelligence 2002: 447 – 454.

[12] Zhanghui and Li Sikun. The Description Logic of Tasks: From Theory to Practice. Chinese Journal of Computers[J]. 2006. 3: 488 – 494.

[13] Shi Zhongzhi, Dong Mingkai, Jiang Yuncheng, et al. A Logical Foundation for Semantic Web[J]. Science in China(Series E), Information Sciences, 2005. 48(2): 161 – 178.

[14] Hindriks K V, de Frank S et al. Formal semantics for an abstract agent programming language[M]. In: M. P. Singh, A. S. Rao and M. J. Wooldridge eds. Intelligent Agents IV, LNAI 1365, Springer, 1998. 215 – 229.

[15] Hindriks K V, Lesperance Y, Levesque H. An operational semantics for the single agent core of AGENT0[R]. Technical Report UU-CS-1999-30, Department of Computer Science, University of Utrecht, 1999.

[16] Meyer J-J Ch, van der Hoek W. Epistemic Logic for AI and Computer Science[J]. Cambridge Tracks in Theoretical Computer Science, vol. 41, Cambridge University Press, Cambridge, 1995.

5 基于规划组合的多目标模型优化方法

多目标迁移实例运行时,需要同时携带多个目标说明书。当用 GDLs 描述迁移实例目标时,多个目标说明书之间可能会存在一些相同的目标规划。对迁移实例的多目标实现行为进行优化,可以有效提高迁移工作流管理系统的效率。

本章组织如下:第 5.1 节给出基于规划组合的多目标模型优化方法的研究背景;第 5.2 节对多目标模型优化问题进行描述;第 5.3 节讨论两目标模型的优化问题,给出了目标规划合并算法,并对其时间复杂度作了分析;第 5.4 节讨论多目标模型优化方法;第 5.5 节举例说明多目标模型优化算法的可行性和有效性;第 5.6 节对与本章相关的研究工作进行比较;最后是本章小结。

5.1 概述

在面向目标的迁移工作流领域,迁移实例可能是单目标的,也可能是多目标的。多目标迁移实例运行时,需要同时携带多个目标说明书。当用 GDLs 描述迁移实例目标时,多个目标说明书之间可能会存在一些相同的目标规划,因此,对迁移实例的多目标实现行为进行优化,对提高迁移工作流管理系统的效率,具有十分重要的意义[1-2]。

考虑一个例子,迁移实例有两个目标:采购商品 c_1 和采购商品 c_2。在迁移工作流管理系统中,迁移实例采购商品的基本步骤为:

（1）迁移至某个商家站点。

（2）与商家签订购货合同。

（3）携带购货合同返回。

如果迁移实例登录的那个商家,能够同时提供性价比最高的商品 c_1 和商品 c_2 服务,则迁移实例没有必要重复相同的购物步骤。

接下来,通过将目标分解为确定结果（Definite Effects，DE）和可能结果（Possible Effects，PE）的方法,研究基于规划组合的多目标模型优化问题（Multi-Goals Model

Optimization)，旨在为执行阶段多目标迁移实例的行为优化提供依据[3-4]。

5.2　多目标模型优化问题描述

定义 1　多目标模型优化（Multi-Goal Model Optimization）。

给定目标 g_1，g_2，$\cdots$，g_n，$\forall_{k=1}^{n} g_k = (E_k, P_k, F_k)$。设 $p_i' \in P_i$，$p_j' \in P_j$ 分别是目标 g_i 和 g_j 的目标规划集合中的某个具体规划。若对规划 p_i' 与 p_j' 进行某种组合，仍能保证目标 g_i 和 g_j 是可满足的，并且能够减少迁移实例行为的重复次数，则称对 g_i 和 g_j 实现了基于规划组合的模型优化。

为了讨论多目标模型优化方法，首先依据目标 g 的规划集 P，将目标 g 的结果公式集进一步分解为确定结果和可能结果。

定义 2　确定结果和可能结果（Definite Effects and Possible Effects）。

对于目标 g，执行其规划集 P 中的任何一个规划 p_i 都能产生的结果集合，称为确定结果，记为 E_D；除确定结果之外，在执行规划 p_i 时产生的其他结果，称为可能结果，记为 E_P。

确定结果和可能结果可以描述为如下的形式：

$$E_D = \bigcap_{i=1}^{n} E_i;$$

$$E_P = \bigcup_{i=1}^{n} (E_i - E_D), \text{其中 } E_i \text{是规划 } p_i \text{的结果集}$$

容易得出，$E_D \bigcap E_P = \varnothing$。为简化起见，分别用 $E_D(g)$ 和 $E_P(g)$ 表示目标 g 的确定结果集和可能结果集，同时，也不再考虑失效条件的限制。为了更好地描述结果与规划之间的关系，可将目标中的结果与具体的规划对应起来，表示成如下的形式：

$$g = \{(e_1, \{p_{11}, p_{12}, \cdots\}), (e_2, \{p_{21}, \cdots\}), \cdots\}$$

其中，e 表示结果，p 表示规划。

举例：设迁移实例的目标为购买商品 c_1 和商品 c_2，

$E_D(g) = \{(Fillin(Order), \{p_1, p_2\})\};$　//填写订单；

$E_P(g) = \{(Discount(c_1), \{p_1\}), \cdots\}$。　//可能的赠品等。

一般来说，目标的数目不同，采用的模型优化方法也不同。基于目标个数，可以将模型优化方法分为两目标和多目标情况。

5.3　两目标模型的优化方法

假设目标 g_1 与 g_2 分别具有如下的形式：

$$g_1 = [(e, \{p_1, p_2\}), (e_2, \{\cdots\}), \cdots];$$
$$g_2 = [(e, \{p_3, p_4\}), (e_3, \{\cdots\}), \cdots]。$$

依据结果 e 的类型，可将目标模型优化问题区分为以下三种情况：

（1）e 为两目标的确定结果（称为 DD 型优化问题）：$e \in E_D(g_1)$ 且 $e \in E_D(g_2)$，即 e 是目

标 g_1 与 g_2 的确定结果。

（2）e 仅为一个目标的确定结果（称为 DP 型优化问题）：$e \in E_D(g_1)$ 且 $e \in E_P(g_2)$，或者 $e \in E_P(g_1)$ 且 $e \in E_D(g_2)$，即 e 是目标 g_1 的确定结果，是目标 g_2 的可能结果；或者反之。

（3）e 为两目标的可能结果（称为 PP 型优化问题）：$e \in E_P(g_1)$ 且 $e \in E_P(g_2)$，即 e 是目标 g_1 与 g_2 的可能结果。

为了说明目标模型优化的过程，定义如下的三个数据结构：

（1）确定合并规划队列（Definite Mergeable Plans Queue，DMPQ）。

$$DMPQ = [(e_1, (g_1\{p_{11}, p_{12}, \cdots\}), (g_2\{p_{21}, p_{22}, \cdots\}), \cdots), (e_2, \cdots), \cdots].$$

（2）可能合并规划队列（Possible Mergeable Plans Queue，PMPQ）。

$$PMPQ = [(e_1, (g_1, p/d, \{p_{11}, p_{12}, \cdots\}), (g_2, p/d, \{p_{21}, p_{22}, \cdots\}), \cdots), (e_2, \cdots), \cdots].$$

（3）等待目标队列（Waiting Goals List，WGL）

$$WGL = \{g_1, g_2, \cdots\}.$$

DMPQ 用于存储目标 g_1 和 g_2 中共有的确定结果及其规划的集合。PMPQ 的结构类似于 DMPQ，它存储的结果 e_i 是目标 g_1 或 g_2 的可能结果，通过标志位 p/d 区分结果的类型。WGL 用于存储需要等待实现的目标队列，是为了避免出现死锁（DeadLock）而设置的数据结构。

5.3.1 DD 型优化问题

在这种情况下，$DMPQ = [(e, g_1\{p_1, p_2\}, g_2\{p_3, p_4\}), \cdots]$。下列算法 5 - 1 给出了模型优化的具体实现步骤，算法 5 - 2 是规划合并算法，其中，p_i 是当前被调用的规划。

算法 5 - 1 DefiniteEffectsMerge（）。

```
While DMPQ.Next<>NULL Then
    If pi in DMPQ Then
      Begin
       Mark e with Related Effect;// e 设为 DMPQ 中的关联结果
       Set pi.State = Ready;// 标记 pi 为等待执行状态（Ready）;
      End
  For 每一个目标 gi
     If ∃e 且 ∃pj.state = Ready Then
        Begin
         MergePlans(pi,pj)//调用规划合并算法将两个规划合并
         Delete(e,g1{p1,p2});//将其从队列删除
        End;
       Else If ∃e 且 ∀pj.state<>Ready Then
        Begin
          If gi in WGL Then Begin //如果 gi 已在等待队列 WGL 中
              Execute pi;Delete(e,DMDP);
```

```
                Else
                 Begin
                     MergePlans(pᵢ,pⱼ);//将与结果集 e 相关联的规划合并;
                     Delete(e,DMDP);//从队列 DMPQ 中移除
                       End
                   End;
             Else
              Begin
                 Set pᵢ. State = Ready;
                 Push(gᵢ,WGL);End;//将目标实例名 gᵢ 放入 WGL 中
              End;
```
算法结束。

算法 5 - 2 规划合并算法 MergePlans(pᵢ, pⱼ)。

If e∈(pᵢ And pⱼ) And (E(gᵢ) = E(gⱼ) = e) Then //e 是规划 pᵢ 和 pⱼ 的唯一结果
   Return pᵢ; //(或 pⱼ)
Else If e∈E(gᵢ), x∈Eₚ(gᵢ), E(gⱼ) = e Then
       //pᵢ 的结果为 e 和 x,且 x 是 g₁ 的可能结果,pⱼ 的结果仅为 e
   Return pᵢ; //(或 pⱼ)
Else If e∈E(gᵢ), x∈E_D(gᵢ), E(gⱼ) = e Then
       //pᵢ 的结果为 e 和 x,且 x 是 g₁ 的确定结果,pⱼ 的结果仅为 e
   Return pᵢ;
Else If e∈E(gᵢ), x∈E_D(gᵢ), E(gⱼ) = e, y∈E_D(gⱼ), x≠y Then
       //x 是 g₁ 的确定结果;y 是 g₂ 的确定结果;且 x≠y
Return pᵢ||pⱼ;
算法结束。

例 5 - 1 假设目标 g_1 与 g_2 分别具有如下的形式:

$$g_1 = [(e, \{p_1, p_2\}), \cdots], g_2 = [(e, \{p_3, p_4\}), \cdots],$$

则 DMPQ$= [(e, g_1\{p_1, p_2\}, g_2\{p_3, p_4\}), \cdots]$。假如迁移实例在实现目标 g_1 时选择规划 p_1,它被标记为可执行状态(Ready),等待目标 g_2 的规划 p_3 或 p_4 的调用。一旦 p_3 或 p_4 中的任意一个被调用(比如 p_3),由于关联于结果 e 的目标都已经标记为可执行状态,此时迁移实例将调用规划合并算法 MergePlans(p_1,p_3)。

算法 5 - 1 通过增加等待目标队列避免了死锁(DeadLock)的出现。比如,若 DMPQ 具有如下的形式:DMPQ$=\{(x, (g_a\{p_1\}), (g_b\{p_2\})), (y, (g_a\{p_3\}), (g_b\{p_4\}))\}$。如果 p_1 被调用,那么它被标记为可执行状态并等待 p_2。接着,p_4 被调用,那么它被标记为可执行状态并等待 p_3 调用,这时就会出现死锁的情况。算法 5 - 1 中已经就此问题进行了处理,即将目标 g 挂起,并放入等待队列 WGL 中。在算法 5 - 2 中,最后一种情况下,由于执行任何一个规划都不能同时满足目标 g_1 和 g_2,规划 p_1 和 p_2 要单独执行。

5.3.2　DP 型优化问题

讨论第(2)种情况。此时结果 e 是其中一个目标(g_1)的确定结果,同时是另外一个目标(g_2)的可能结果。在这种情况下,规划 p_3 和 p_4 是否被调用是不确定的。因此,相关的规划信息被保存在可能合并队列 PMPQ 中。算法 5-3 给出了模型优化算法。

算法 5-3　PossibleEffectsMerge()。

```
If pᵢ∈PMPQ Then
  Mark e with Related Effect;
If e∈∀Eₚ(g) Then   //e 在所有与 e 关联的目标中都是确定结果
    Begin    //将 e 移入到 DMPQ 中;并标记 pᵢ 为可执行状态
     Push(e, DMPQ); Set pᵢ.state = Ready;
    End
Else e∈∃Eₚ(g) Then // e 是某个目标 gⱼ 的可能结果
  Begin    //执行规划 pᵢ 并且从 PMPQ 中移除(即假设可能结果不会产生)。
    Execute pᵢ;  Delete(pᵢ,PMPQ);
  End;
```

算法结束。

在上述算法 5-1、算法 5-2 以及算法 5-3 中,如果迁移实例有 n 个目标,每个目标具有 m 个结果,则 DMPQ 和 PMPQ 初始化的时间复杂度为 $O(mn)$。依次执行目标规划时要对各目标结果遍历,需要时间为 $O(mn^2)$,随着 n 增大,时间复杂度为 $O(n^3)$。

例 5-2　假设 g_1 与 g_2 具有例 5-1 中的描述形式。如果 e 是 g_1 的确定结果,同时是 g_2 的可能结果,那么 PMPQ={(e, (g_1, d, {p_1, p_2}), (g_2, p, {p_3, p_4}), …), …}。若 p_3(或 p_4)首先被调用,由于 e 是 g_1 的确定结果,因此,可将其移入 DMPQ 队列并将 p_3 标记为可执行状态,等待规划 p_1 或 p_2 被调用;如果 p_1(或 p_2)被调用,agent 可以直接执行规划 p_1(或 p_2),或者标记为可执行状态,等待 p_3(或 p_4)被调用。

5.3.3　PP 型优化问题

当 e 为目标 g_1 与 g_2 的可能结果时,由于不能确定规划 p_1 与 p_2,p_3 与 p_4 是否执行,可以作以下处理:

(1) 单独执行目标 g_1 与 g_2,不考虑它们之间的优化;或者,

(2) 将它们全部放入 DMPQ 队列中。

方案(1)更多的是考虑系统资源的限制;方案(2)重点考虑系统时间的约束,可以依据具体的情况进行选择。

5.4　多目标模型的优化方法

当迁移实例的目标数量是三个或三个以上时,它们之间的优化处理不能简单地照搬两目标模型的方法。给定目标集合 G={g_1, g_2, …, g_n},n≥3,多目标模型优化问题可以区

分为以下四种情况：

(1) 结果 e 是 G 中所有目标的确定结果。

(2) 结果 e 是 G 中所有目标的可能结果。

(3) 结果 e 仅是目标 $g_i \in G$ 的确定结果，是其余目标的可能结果。

(4) 结果 e 仅是目标集合 $g \subset G$ 的确定结果($1 < |g| \leqslant n-1$)，是其余目标的可能结果。

前三种情况可以依照两目标模型的优化方法进行处理，即将它们放入确定合并队列 DMPQ 和可能合并队列 PMPQ。如果对第(4)种情况也采用前面的方法处理，即目标集合 g_i 将被放入队列 PMPQ 中，由于 DMPQ 和 PMPQ 是相互独立的，结果 e 是部分目标的确定结果，而将它们放入 PMPQ 中，很可能失去优化的可能。

例 5-3 设 $PMPQ = [(e, (g_1, d, \{p_1\}), (g_2, d, \{p_2\}), (g_3, p, \{p_3\}))]$。依照算法 5-8，如果 p_1 被调用，由于 e 是 g_3 中的可能结果，e 是 g_3 中的可能结果，p_3 将被丢弃。这样，就会导致规划 p_1 和 p_2 不能合并。

解决该问题有两种方法：

第一种方法较为简单，即将 e 作为确定结果放入确定合并队列 DMPQ 中，而忽略 e 作为可能结果的出现。这种方法确保了 e 作为确定结果的合并，但并不是最优的。

另一种方法是依照 e 在目标中的结果类型，分别将它们放入队列 DMPQ 或 PMPQ 中，这样会使两个队列不再是相互独立的。在具体实施时，需要首先查看 DMPQ 队列，依据情况对两队列进行更新，然后再处理 PMPQ 队列。该方案会在一定程度上增加算法的复杂度。因此，本节采用第一种方案，即一旦 e 在两个或两个以上的目标中是确定结果，就将其放入确定合并规划队列 DMPQ 中。

当然，并不是任何两个或者多个目标间包含相同结果 e 的规划都是可以合并的，这还要受到环境、资源等因素的影响。比如，在购买商品 c_1 和 c_2 的例子中，如果 c_1 和 c_2 并不能由同一家销售商提供，它们之间的目标实现就不能进行合并，而应当独立执行。为了能避免这种情况，可以在规划中增加一个布尔型的能否合并参数(Joinable)，用于表明该规划能否合并，在合并算法中首先检测该参数，然后再作处理。

5.5 应用举例

本节通过示例说明多目标模型优化算法的可行性和有效性。实验在山东大学移动计算及其应用实验室自行研发的迁移工作流平台[17]上进行，通过随机产生不同数目的目标，分析实现这些目标时是否存在规划组合的情况。多目标的优化效率与下列要素有关：

(1) 无时序约束关系的目标数量。由第 3 章可知，目标之间的时序决定着目标实现的顺序，对于具有时序约束关系的目标不存在规划的组合，所以无时序约束关系的目标的数量影响多目标优化的效率。

(2) 目标分解的层次数。一般来说，原子目标对应于直接可实现的规划，所以，目标分解的层次数越多，规划合并的可能性越大，多目标优化的效率越高。

(3) 相同类型目标的数目。对于相同类型的目标，实现的规划基本一致，所以，这些规划的组合机会越多。

为了验证多目标模型优化算法的可行性和有效性，实验目标包括：网上购书、机票预订、天气查询、宾馆预订、火车查询五种类型的目标。

实验时每一种类型的目标分解层次包含 2 层和 3 层两种情况,随机产生 5,10,15,20,25 个目标。

实验主要考虑两种性能指标:

(1) 规划组合耗费时间:指从目标产生开始到实现各目标的规划组合完成所需要的时间。

(2) 规划合并后个数:指各目标实现时需要执行的目标规划个数,一般认为规划合并后个数越小。

图 5-1 给出了目标分解层次不同时组合耗费时间比较,可以看出,花费在规划组合上的时间随着目标数量的增多而逐渐增加,由于规划组合算法的时间复杂度为 $O(n^3)$,所以,即使目标数目较多时,时间耗费不大。

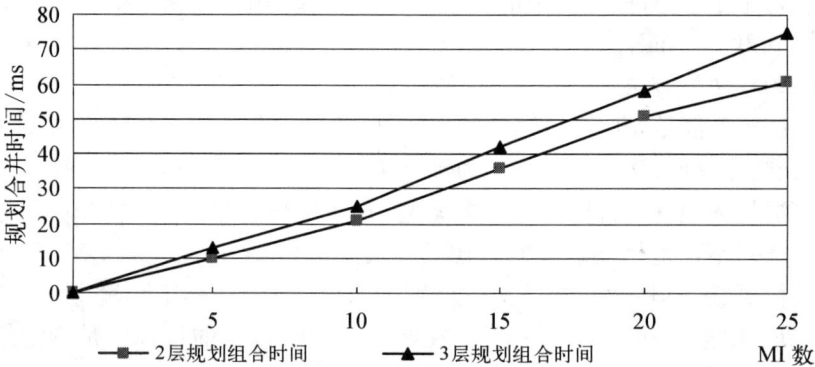

图 5-1 目标分解层次不同时组合耗费时间

图 5-2 给出了目标单独执行、2 层分解以及 3 层分解时不同目标数目下规划组合后的规划数。可以看出,当目标数目增多时,相比较而言多目标优化的效果越发显著。但由于执行的规划个数,并不是呈现正比例关系的,这是由于系统执行时还受到时间、环境等因素的影响。

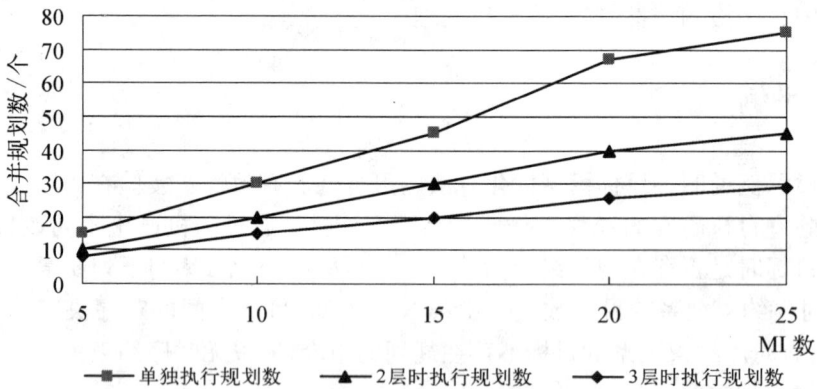

图 5-2 目标分解层次不同时规划组合数

5.6 相关工作的比较

目前,尚未发现关于多目标移动 Agent 行为优化的其他研究,特别是在工作流管理领域。文献[5]和文献[6]基于动态描述逻辑方法,研究了多 Agent 联合目标的建立和规划问题,但多目标移动 Agent 行为优化与多 Agent 协作优化不同。

本章研究的多目标模型优化问题,是面向目标的迁移工作流建模中的最后一个步骤,目的是提高迁移实例的执行效率[7-9]。只有在面向目标的工作流说明得到刻画,目标可满足性得到证明,并且目标实现步骤得到事前优化之后,才能启动迁移实例运行。当然,建模阶段实现的迁移实例行为优化,仍然会受到动态工作流环境的影响,迁移实例行为动态优化是本章的后续工作。

5.7　本章小结

本章针对多目标迁移实例的行为优化问题,采用"相同步骤可以一次执行"的策略,提出了一种基于规划组合的多目标模型优化方法[10-12]。

本章首先给出了多目标模型优化问题的描述,然后将目标描述中的结果集进一步分解为确定结果和可能结果,探讨了两目标在 DD,DP 和 PP 型问题下的模型优化解决方案,给出了模型优化算法;最后提出了多目标模型的优化方法,并证明了多目标优化的时间复杂度为 $O(n^3)$。分析和示例表明,基于目标规划组合实现多目标模型的优化,可以指导迁移实例有效减少迁移次数,提高其工作效率。

与迁移实例多目标行为优化相关的后续工作包括:

(1) 研究规划合并后实现过程中,一旦合并后的规划不能顺利执行,如何还原为合并前的规划形式,从而保证各自目标依照原有的规划执行[13-14]。

(2) 研究在资源环境下,尤其是消耗性资源条件下,如何基于规划的组合从而实现多目标的优化问题[15-17]。

参考文献

[1] Chrysanthis P K, Ramamritham K. ACTA: a framework for specifying and reasoning about transaction structure and behavior[C]. In: Garcia-Molina H, Jagadish H V eds. Proceedings of the ACM SIGMOD Conference. Atlantic, NJ: ACM Press, 1990, 194 - 210.

[2] Reuter A, Schwenkreis F. Contracts-a low level mechanism for building general-purpose workflow management systems[J]. Bulletin of the Technical Committee on Data Engineering, 1995, 18 (1): 4 - 9.

[3] 张会,李思昆. 描述任务逻辑及其应用[J]. 计算机学报,2006,3:488 - 494.

[4] M. Winikoff, L. Padgham, J. Harland and J. Thangarajah. Declarative and Procedural Goals in Intelligent Agent Systems [C]. Proceedings of the 8th International Conference on Principles of Knowledge Representation and Reasoning (KR2002), Toulouse, 2002.

[5] 罗杰文,史忠植,王茂光等. 基于动态描述逻辑的多主体协作模型[J]. 计算机研究与发展,2006,43(8): 1317 - 1322.

[6] 刘贵全,陈小平,范焱等. 多主体协作系统的一种形式模型[J]. 计算机学报,2001,5:529 - 535.

[7] Ellis, C A and G J Nutt. Modeling and enactment of workflow systems[C]. In Applicatioin and Theory of Petri Nets 1993, volume 691 of Lecture Notes in Computer Science, Edited by M. Ajmone Marsan. Berlin: Springer-Verlag,1993,1 - 16.

［ 8 ］ van der Aalst W. Putting Petri Nets to Work in Industry［J］. Computers in Industry, 1994,251：45 - 54.

［ 9 ］ Dlsel J and Esparza J. Free choice petri nets［M］. Volume 40 of Cambridge Tracts in Theoretical Computer Science. Cambridge：Cambridge University Press, 1995.

［10］ Hee, K M van. Information System engineering：a Formal approach［M］. Cambridge：Cambridge University Press，1994.

［11］ Reisig W and Rozenberg G，Editors. Lectors on Petri Neets I：Basic Models［M］. volume 1491 of Lecture Notes in Computer Science. Berlin：Springer Verlag，1998.

［12］ Rolland C，Ben Achour，C. Guiding the construction of textual use case specifications［J］. Data & Knowledge Engineering Journal，1998，25(1 - 2)：125 - 160.

［13］ Rolland C，Proix C. A Natural language approach for requirements engineering［R］. in Advanced Information Systems Engineering (P. Loucopoulos ed.)，Springer Verlag，1992，257 - 277.

［14］ Reuter A，Schwenkreis F. Contracts-a low level mechanism for building general-purpose workflow management systems［J］. Bulletin of the Technical Committee on Data Engineering，1995，18(1)：4 - 9.

［15］ van riemsdijk M B，van der Hoek W，Meyer J-J Ch. Agent Programming in Dribble：From Beliefs to Goals with Plans［C］. Proceedings of the second International Joint Conference on Autonomous Agents and Multiagent System(AAMAs'03)，2003：393 - 400.

［16］ Sheth A，Rusink iew icz M. On transactional workflows［J］. Bulletin of the Technical Committee on Data Engineering，1993，16 (2)：37 - 40.

［17］ 曾广周,党妍. 基于移动计算范型的迁移工作流研究［J］.计算机学报,2003,26(10)：1343 - 1349.

6 迁移工作流目标规划

> 　　迁移工作流在发布工作流服务需求之前,需要对工作流目标进行规划。本章提出了一种目标规划的结构模型,给出了一种目标任务规划方法。将目标分解形成"与/或"任务网络,并建立了子目标之间的时序关系,为进一步探讨迁移工作流目标分解提出了可行的技术路线。

　　本章探讨在给定迁移工作流目标的情况下如何对目标进行分解形成解决目标问题的"与/或"任务网络,并从任务网络中找出最优的工作流服务发布策略。本章组织如下:第 6.1 节在给出目标的定义基础上分析了目标之间的关系;第 6.2 节与第 6.3 节给出了一种目标任务规划的系统框架,并对框架中任务规约库的组织进行研究;第 6.4 节总结本章。

6.1　引言

　　文献[1]给出了迁移工作流的系统框架,包括迁移工作流管理引擎(Migrate Workflow Management Engine, MWME)、工作位置(Work Station, WS)等。MWME 主要负责定义、监控迁移工作流;WS(包括停靠站和工作机网络)提供了迁移实例的运行场所,为迁移实例提供运行环境和工作流服务。

　　当迁移工作流启动时,MWME 先定义工作流,再向静态联盟的成员发布工作流服务需求,所有愿意参加本次工作流活动的 MI Server 向 MWME 报告自己可以承担的任务及服务条件。然后,MWME 依据各 MI Server 的报告,评价工作流执行的可满足性;如果可以启动工作流,则创建 MI、组织迁移域(动态联盟)、规划旅行图(工作流执行路径)、设定复制和派生迁移实例的位置;否则吸纳新成员或放弃本次工作流执行。

　　从上面的分析可以看出,MWME 向静态联盟成员发布工作流服务需求之前,需要对工作流任务进行分解,把迁移工作流目标分解为几个子目标,甚至更低一级的孙子目标等。

MWME 根据这些子目标进行服务需求发布,寻找最佳的目标实现方案。

目标反映了希望系统达到的状态或者希望通过采取某项行动后收到的效果,它驱动主体去完成一定的任务。通常,目标可以分为以下三种类型:

(1) 实现型目标(Achieve):以达到某种特定的状态为目的。

(2) 维持型目标(Maintain):要维持当前状态不发生变化。

(3) 避免型目标(Avoid):要避免某个事件的发生。

从推理的结果来看,上述三种类型的目标都是给出操作的序列,而从最终目的来看,都可以归结为达到某种目标状态。

传统上大都采用自顶向下工程分解的方法进行目标任务的规划,这种方法需要设计者在执行具体的任务前首先要具有业务过程的分解、执行等全部先验知识,而且对于一些结构性不强的业务流程来说,在操作中会遇到很多的问题。本章将探讨在给定迁移工作流目标的情况下如何对目标进行分解形成解决目标问题的"与/或"任务网络,并从任务网络中找出最优的工作流服务发布策略。

6.2　迁移工作流目标规划框架

目标规划是将一个迁移实例由初始状态到目标状态的目标任务分解为工作机可以一次完成的原子目标的有序集合的过程。在人工智能领域,规划与搜索一样是一种问题求解技术,可以把问题求解描述为对一个状态空间的搜索,这种搜索从初始状态开始,执行一系列操作并经过一系列中间状态,直至到达目标状态为止。本节综合考虑以上问题,采用基于知识和目标评价相结合的思路,首先根据知识对目标问题进行分解,形成目标任务与/或网络,然后利用评价算法获取最优的规划结果[3]。

6.2.1　迁移工作流的目标规划表示

迁移工作流的目标规划是将目标分解为一系列复合目标、原子目标的过程,可以用一个五元组⟨K, I, G, P, R⟩来表示,其中:

(1) K 为信念知识库。

(2) I 为初始状态的集合。

(3) G 为主体的目标的集合。

(4) P 为主体规划的集合,即规划库。

(5) R 表示规划的结果。

6.2.2　迁移工作流目标规划框架

目标任务规划系统结构如图 6-1 所示。它主要包括四个基本的功能模块:协调引擎、目标规划器、目标优化器和监控模块。协调引擎主要负责管理目标规划器和目标优化器的规划和优化活动,当出现意外时调整计划或重新启动规划过程;目标规划器则将分配给它的求解目标规划为"与/或"分解结构树;目标优化器主要有两个功能:一个是对规划的结果进行规范,形成"与/或"关系交替出现的规范目标网络树;另一个功能是根据目标网络寻找一条最优的求解目标的路径;监控模块的主要功能是监测其他各模块的执行情况并将信息及

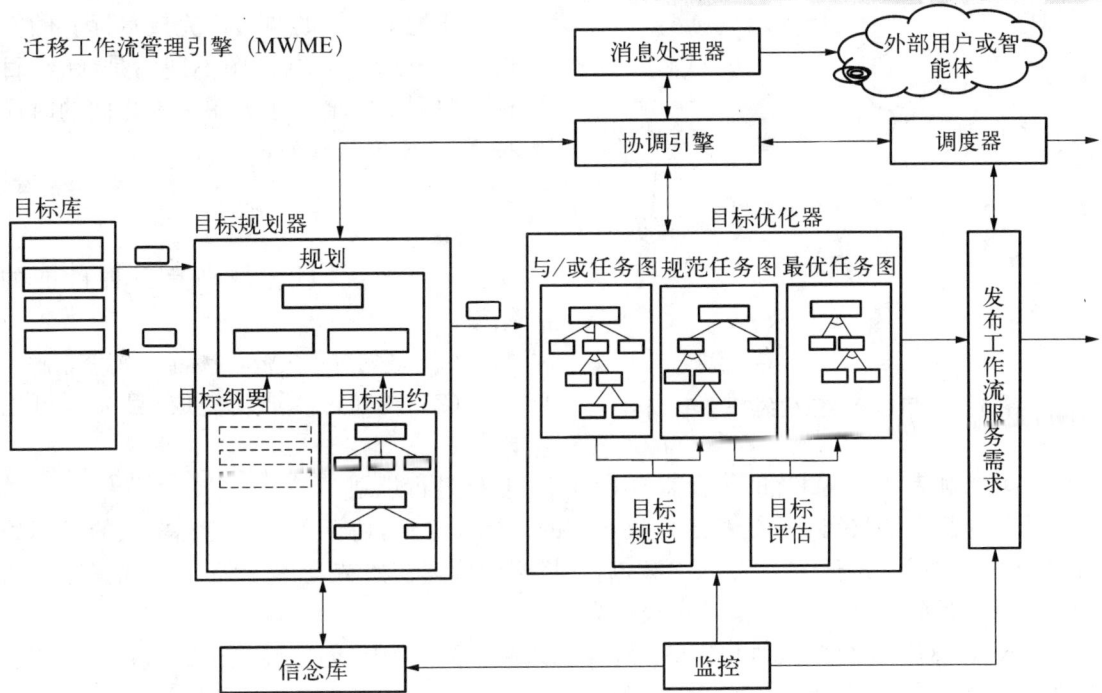

图 6-1　目标规划结构图

时反馈。

迁移工作流目标规划的基本思想是：迁移工作流引擎在收到目标任务后，首先要将目标送到目标库中，目标规划器根据目标规约库中的已知知识和当前目标的需求对目标进行分解，直至形成一个以原子目标为叶节点的"与/或"目标任务树，并建立兄弟节点之间的时序关系，形成一个"与/或"目标任务分解网；找到最优的目标分解方法，然后对分解产生的原子目标进行工作流服务发布。

规划模块内部主要包含以下几类重要的数据库：

(1) 目标库：是一个存储目标的动态数据库，它实现了一个具有优先级的目标队列，即队列中具有最高优先级的目标最先被规划器处理。在规划过程中，协调引擎不断地把新的目标加入目标队列中。并且，当规划器把复杂目标分解为更小的目标的时候，新生成的目标也会被加入目标库中。

(2) 目标纲要：存储任务纲要的静态数据库。主要被规划库用来对任务进行实例化。

(3) 目标规约：存储目标规约的静态数据库。被规划器用来对任务进行实例化。

(4) 信念库：存储关于领域知识的动态数据库。信念库中的知识将直接影响规划器的规划决策。活动的执行情况也可以反馈给信息库，更新信念库中的事实（Facts）等知识。

6.3　目标规划过程

目标规划是解决在当前目标不能一次实现的情况下，将目标分解为更小的子目标，通过子目标来实现最终的目标。目标任务分解的结果是将目标分解为如图 6-2 所示的"与/或"

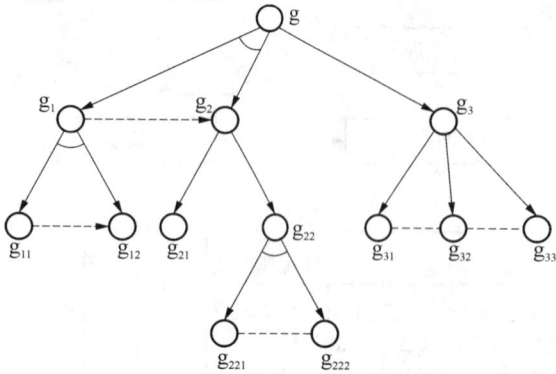

图 6-2　目标分解形成的"与/或"网络

图。通过子目标的执行来完成目标 g 的操作,与一般的"与/或"图不同的是,在给目标分解网络中增加了兄弟节点之间的时序关系(图中虚线部分)。

6.3.1　目标规划过程

一般来说,目标规划有三种可能的结果:

(1) 规划过程失败,目标 g 不能够求解;

(2) 规划过程成功完成,目标 g 可以求解;

(3) 规划结果是子目标的集合需要继续对子目标进行规划。

当工作流引擎收到一个迁移工作流实例的目标任务后,协调引擎会启动默认的目标处理过程,并将收到的信息作为输入参数,启动目标图创建初始节点 T,然后根据知识库的知识对目标进行分解,目标分解算法可描述为:

步骤 1:初始化目标队列 Q_G,将目标 g 加入到队列 Q_G 中;创建仅包含目标 g 为根节点的树 T。

步骤 2:Loop:如果目标队列 Q_G 为空且 T 中所有节点均为可解节点,则退出,目标 g 分解完毕;如果目标队列 Q_G 为空且 T 中存在节点为不可解节点,则退出,目标 g 无法分解。

步骤 3:从目标队列中取出第一个目标 g_i,如果 g_i 是原子目标,则标记 T 中 g_i 为可解节点;如果 g_i 不是原子目标,则分解目标 g_i,并将 g_i 的子目标 g_{i1}, g_{i2}, …, g_{im} 加到目标队列中,同时将 g_{i1}, g_{i2}, …, g_{im} 作为 G 的子节点加到树 T 中,并建立子目标 g_{i1}, g_{i2}, …, g_{im} 的约束关系:

① 如果 g_i 和 g_j 对于完成目标 g 来说是偏序关系,则建立 g_i 和 g_j 的偏序指针 ━▶。

② 如果 g_i 和 g_j 对于完成目标 g 来说是并行关系,则建立 g_i 和 g_j 的并行指针━。

步骤 4:返回步骤 2。

目标分解完成后,可以根据判定一般"与/或"是否可解得方法来判定目标是否可解,当然,在判定时不需要考虑兄弟之间的时序关系。

6.3.2　目标"与/或"树的规范

目标 g 被分解后,形成了一个与/或目标层次网络结构,树根节点是总目标,非叶子节点是中间目标,叶子节点是实际需要完成的子目标。对分解后形成的目标树进行规范化之后具有如下的特性:

(1) 目标之间存在逻辑关系。有且仅有同一目标的直接子目标之间存在逻辑关系,并且是"与"或"或"两种关系之一。

(2) 同层目标间逻辑关系相同。处于目标树同层中的不同目标的各自目标集内为同一关系,即均为"与"或"或"关系。

(3) 相邻层目标集,逻辑关系交替递变性。某层各子目标集内的关系与其相邻层各自目标集内的关系不同,如果两层均为"与"关系,或均为"或"关系,则将两层合并为一层。

目标树规范基本步骤如下：

（1）如果目标 g 的子目标之间与 g 的孙子目标之间逻辑关系相同，则将两层合并为一层，由目标 g 的直接分解层中的叶子目标和相邻层中的目标组成，目标之间的关系不变。原来处在两层的子目标要转换为同层兄弟目标，它们之间的时序关系要作相应的变化。子目标和孙子目标之间都是偏序关系的，转换为兄弟目标之间的偏序关系，如图 6-3(a) 所示；子目标之间和孙子目标都是并行关系的，转换为兄弟目标之间的并行关系。

（2）如果目标 g 同时存在"与"和"或"分解关系，则将其分解为两层，上层目标为"或"关系，下层目标之间为"与"关系，分以下几种情况讨论：

① "与合并"操作。

如果子兄弟目标是逻辑"与"关系，而且孙子兄弟目标是逻辑"与"关系，这种情况下，要进行"与合并"操作，要将"与"关系合并。如图 6-3(b) 所示。

② "与分解"操作。

如果子兄弟目标是逻辑"与"关系，而且孙子兄弟目标是逻辑"或"关系，这种情况下，要进行"与分解"操作，要将"与"关系分解。如图 6-3(c) 所示。

③ "或分解"操作。

如果子兄弟目标是逻辑"或"关系，而且孙子兄弟目标是逻辑"与"关系，这种情况下，要进行"或合并"操作，要将与关系分解。如图 6-3(d) 所示。

④ "或合并"操作。

如果子兄弟目标是逻辑"与"关系，而且孙子兄弟目标是逻辑"或"关系，这种情况下，要进行"或合并"操作，要将或关系合并。如图 6-3(e) 所示。

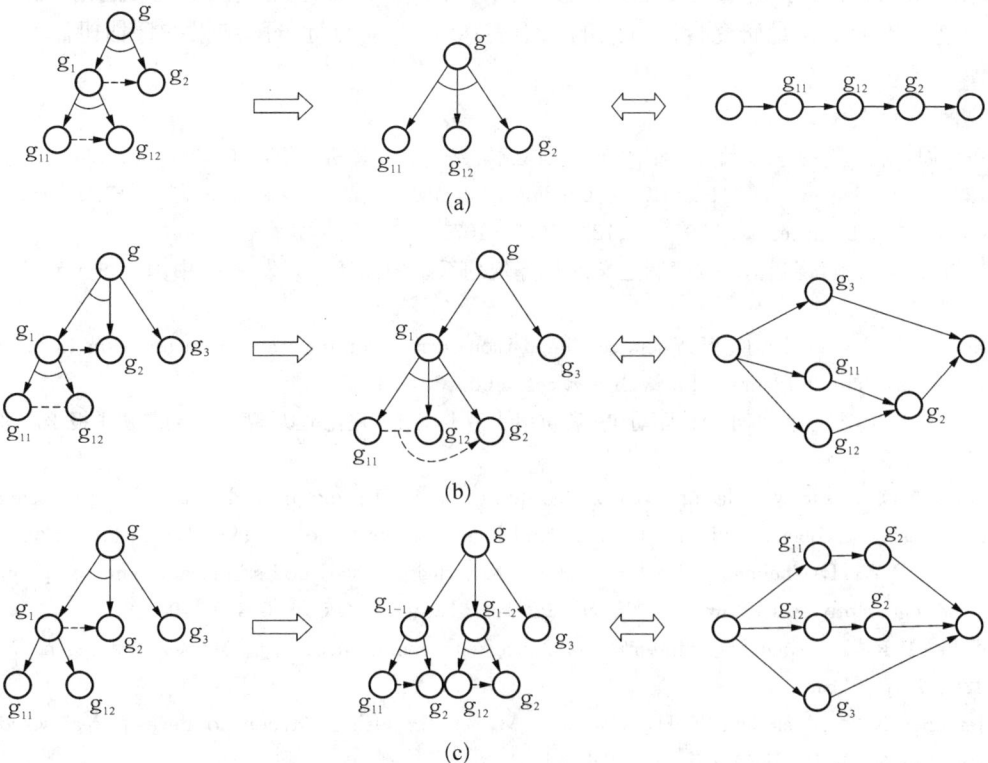

(a)

(b)

(c)

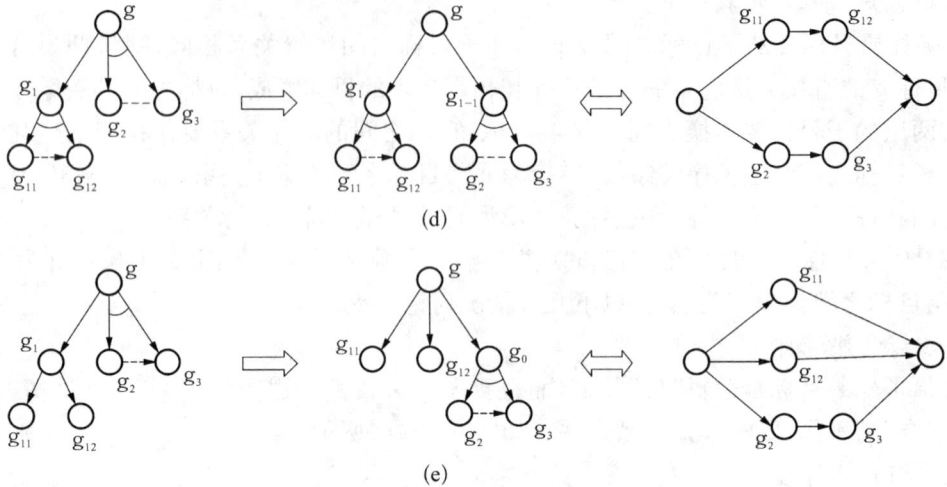

图 6-3　目标任务网络的规范

　　此外,在形成规范的目标分解后,需要对目标分解形成的各种方案进行评估,有关分解方案评估的内容将在以后介绍。

6.4　本章总结

　　本章针对迁移工作流在发布工作流服务需求之前目标任务的分解,提出了一种目标分解的结构模型,将目标分解形成与/或任务网络,并对目标结果之间的时序关系进行了详细分析。进一步的工作是研究合理有效的知识表达,以及对目标分解结果的评估机制。

参考文献

［1］曾广周,党研. 基于移动计算范型的迁移工作流研究[J]. 计算机学报,2003,26(10)：1343－1349.

［2］Rolland C, Souveyet C, Achour C B. Guiding goal modeling using scenarios [J]. IEEE Transactions on Software Engineering, 1998, 24(12)：1055－1071.

［3］李淑霞,李培根,饶运清. 敏捷制造车间任务规划系统的设计与开发[J]. 中国机械工程,2003,14 (15)：1299－1302.

［4］Srivastava B, Koehler J. Web service composition-current solutions and open problems [C]. ICAPS 2003 workshop on Planning for Web Services. 2003,35：28－35.

［5］曹健,张申生,李明禄. 基于目标驱动和过程重用的 Web 服务客户化定制模型[J]. 计算机学报,2005,28(4)：721－730.

［6］Baker A D. A survey of factory control algorithms that can be implemented in a multi-agent heterarchy：dispatching, scheduling, and pull [J]. Journal of Manufacturing Systems, 1998, 17(4)：297－320.

［7］Chung P W H, Cheung L, Stader J, et al. Knowledge-based process management an approach to handling adaptive workflow [J]. Knowledge-Based Systems, 2003, 16(3)：149－160.

［8］Cohen P R, Levesque H J. Intention is choice with commitment [J]. Artificial intelligence, 1990, 42(2)：213－261.

［9］Jennings N R, Mamdani E H, Corera J M, et al. Using Archon to develop real-world DAI applications. l [J]. IEEE expert, 1996, 11(6)：64－70.

7 基于 GDLs 迁移工作流建模示例

> 以旅游预订服务工作流为例,详解 GDLs 在迁移工作流建模中的应用过程,包括旅游目标描述、目标一致性和可满足性判定、多目标模型优化三个基本步骤,以表明 GDLs 方法在迁移工作流建模中的实用价值。

本章组织如下:第 7.1 节进一步阐释面向目标的迁移工作流概念;第 7.2 节以旅游预订服务工作流为例,给出面向目标的迁移工作流建模过程;第 7.3 节给出本研究设计的一种可执行的工作流目标语言;第 7.4 节是关于模型正确性的实验和分析;最后是本章小结。

7.1 面向目标的迁移工作流概念

定义 1 面向目标的迁移工作流说明(Goal-Oriented Migrating Workflow Description,GWfD)[1]。

面向目标的迁移工作流说明是一个四元组 GWfD=(Wfid,WfGDLs,Resours, Servs),其中:

(1) Wfid 是工作流标识。

(2) WfGDLs 是基于 GDLs 的工作流目标说明。

(3) Resours 是与 WfGDLs 关联的资源集合,用 gUrs 表示目标 g∈WfGDLs 使用资源 rs∈Resours,gCrs 表示目标 g∈WfGDLs 产生资源 rs∈Resours。

(4) Servs 是与 WfGDLs 关联的服务集合,用 gUsv 表示目标 g∈WfGDLs 使用服务sv∈Servs。

面向目标的迁移工作流可以由一个迁移实例独立执行,也可以通过多个迁移实例之间的协作完成。在工作位置(即工作流参与者)已知的迁移工作流环境中,基于目标与(资源、服务)之间的关联关系,可以为迁移实例制订旅行路线图[2-5]。

本节假定迁移工作流环境是已知的,即存在一个工作流联盟,所有联盟成员的网络站点及其提供的资源集合和服务集合都是已知的,并且每个联盟成员都承诺为迁移实例提供安全、可靠的资源和服务,因此,工作流目标是可满足的。

定义 2 迁移实例(Migrating Instance,MI)。

迁移实例是一个五元组 MI=(miid, Goals, MigGraph, WorkM, ToL),其中:

(1) miid 是工作位置可认证的 MI 身份标识。

(2) Goals 是 MI 携带的 GDLs 目标说明书。

(3) MigGraph 是 MI 携带的与 Goals 对应的旅行路线图。

(4) WorkM 是 MI 携带的工作程序,用于解释目标说明书和旅行路线图,并协调可能发生的资源冲突或服务冲突。

(5) ToL 是 MI 的生命周期。

定义 3　工作位置(Work Place, WP)[6]。

工作位置是一个四元组 WP=(wpid, ProvRs, PovServs, WPworkM),其中:

(1) wpid 是迁移实例可认证的 WP 身份标识。

(2) ProvRs 是 WP 提供的资源集合。

(3) PovServs 是 WP 提供的运行时服务集合和工作流服务集合。其中,运行时服务对应于迁移实例的迁入、注册、启动、迁出等,工作流服务对应迁移实例的目标实现。

(4) WPworkM 是 WP 的工作程序,用于管理、调度本地资源和服务。

定义 4　面向目标的迁移工作流管理系统(Goal-Oriented Migrating Workflow Mangament System, GMWfMS)。

面向目标的迁移工作流管理系统是一个三元组 GMWfMS=(MIset, WPSet, WfTools),其中:

(1) MISet 是迁移实例的集合。

(2) WPSet 是工作位置的集合。

(3) WfTools 是迁移工作流管理工具的集合,包括工作流联盟组织、工作流建模、迁移实例创建、派遣和监控等。

基于定义 4,面向目标的迁移工作流执行过程可以简述如下:

(1) 定义目标 Goals 和旅行图 MigGraph,创建迁移实例 MI。

(2) 派遣迁移实例 MI 到 Goals 中第一个目标 g 可以实现的位置 WP 上。

> DO
>> 迁移实例 MI 就地利用 WP 上的资源和服务实现当前目标 g;
>> 迁移实例 MI 解释 Goals 和 MigGraph,迁移到下一个工作位置 NextWP 上继续实现后续目标 Nextg;
> UNTIL 目标全部实现或异常终止。

7.2　旅游预订服务工作流建模举例

旅游预订服务工作流是指依据客户旅游计划和旅游需求,为客户预订交通、住宿、景点等的服务过程。

7.2.1　旅游预订目标描述

图 7-1 给出了一个简化的旅游预订服务工作流与/或目标树的例子,目的是阐释面向

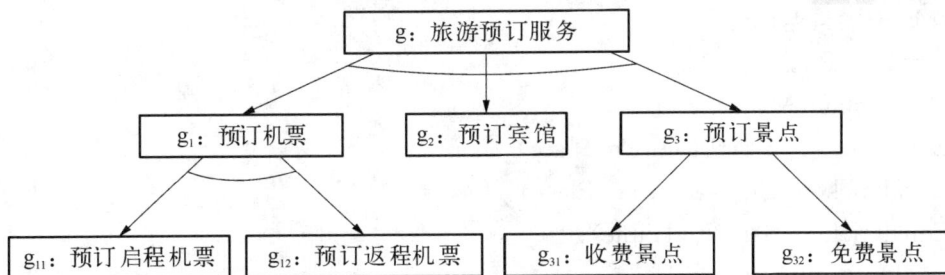

图 7-1 旅游预订服务与/或目标树

目标的工作流建模方法,而不是说明旅游预订服务系统的完整应用。同时,因为构造一棵形如图 7-1 所示的与/或树相对容易,所以本节不再描述树的构造过程[7-9]。

用户在要求旅游预订服务时,应提供以下信息:

(1) 出发地(StartPlace)和目的地(EndPlace)。

(2) 出发时间(StartTime)和返程时间(EndTime)。

(3) 住宿要求(星级标准(HotelStar),价格(RoomPrice))。

(4) 景点信息(景点类型(ParkType),门票价格(GateFee))。

其他选项包括:目标生成周期(LifeCycle),即多长时间内目标没有满足就放弃目标的生成;目标的失效条件(FailureCondition),即一旦达到某些条件,不论当前目标执行到什么程度,都要放弃目标的执行,比如允许迁移实例最多访问的站点数等。

图 7-1 中各目标的含义如下:

(1) g:旅游预订服务。

(2) g_1:预订自出发地至目的地机票。

(3) g_2:依据用户目标中的住宿要求预订目的地宾馆。

(4) g_3:预订目的地旅游景点。

(5) g_{11}:依据用户目标中的出发日期预订启程机票。

(6) g_{12}:依据用户目标中的返程日期预订返程机票。

(7) g_{31}:依据用户目标中的游览信息预订收费景点门票。

(8) g_{32}:依据用户目标中的游览信息确定免费景点。

1) 基于 GDLs 的目标描述

基于 GDLs 规范,对图 7-1 中的各原子目标描述如下:

(1) g_{11}:购买出发当天自出发地至目的地的机票。

$g_{11} = (E_{11}, P_{11}, F_{11})$,其中,

$E_{11} = \{Obtain(MI, ticket_1) \wedge Equal(ticket_1. StartPlace, StartPlace) \wedge$
$Equal(ticket1. EndPlace, EndPlace) \wedge Equal(ticket1. Date, Starttime)\};$

$P_{11} = \{goto\_Website(AirLineCenter);$

$$\frac{? \; Query(ticket, StartPlace, StartTime, x)}{? \; (x>0); \; Order(ticket, 1)};$$

$pay(ticket_1)\};$

$F_{11} = \{SiteNumber(AccessSite, 8) \vee \neg AirLineFrom(StartPlace)\}.$

（2）g_{12}：购买返程机票。

$g_{12} = (E_{12}, P_{12}, F_{12})$，其中，

$E_{12} = \{$Obtain$(MI, ticket_2)$

$\wedge$Equal$(ticket_1. StartPlace, EndPlace)$

$\wedge$Equal$(ticket_2. Endplace, StartPlace)$

$\wedge$Equal$(ticket_2. date, EndTime)$；

$P_{12} = \{$goto_Website$(AirLineCenter)$；

$$\frac{? \text{Query}(ticket, Endplace, EndTime, x)}{? (x>0); \text{Order}(ticket, 1)};$$

pay$(ticket_2)\}$；

$F_{12} = \{$SiteNumber$(AccessSite, 8)$

$\vee \neg$ AirLineFrom$(EndPlace)\}$。

（3）g_2：预订某类型宾馆房间，可以描述为

$E_2 = \{$Order$(MI, Room)$

$\wedge$ Equal (Hotel. Star, HotelStar) $\wedge$ Equal (Hotel. RoomPrice, RoomPrice) $\wedge$ Equal (Room. Start, StartTime) $\wedge$ Equal(Room. End, EndTime)$\}$；

$P_2 = \{$goto_Website$(HotelCenter)$；

$$\frac{? \text{Query}(Room, HotelStar, RoomPrice, StartTime, EndTimex)}{? (x>0); \text{Order}(Room, 1)};$$

pay$(Room)\}$；

$F_2 = \{$SiteNumber$(AccessSite, 8) \vee$ LessThan$(Account, 0)\}$。

（4）g_{31}：预订收费景点门票，可以描述为

$E_{31} = \{$Order$(MI, GateTicket) \wedge$ Equal$(ParkType, ParkType) \wedge$ Equal$(Park. GateFee, GateFee) \wedge$ Before$(Park. Time, EndTime)\}$；

$P_{31} = \{$goto_Website$(ParkCenter)$；

$$\frac{? \text{Query}(Park, ParkType, GateFee, EndTime, x)}{? (x>0); \text{Rent}(Park, 1)};$$

pay$(GateFee)\}$；

$F_{31} = \{$SiteNumber$(AccessSite, 8) \vee$ LessThan$(Account, GateFee)\}$。

（5）g_{32}：依据用户目标的游览信息确定免费景点。

$E_{32} = \{$Order$(MI, Park) \wedge$ Equal$(Park. type, Parktype) \wedge$ Equal$(Park. GateFee, 0) \wedge$ Before$(Park. Time, EndTime)\}$；

$P_{32} = \{$goto_Website$(ParkCenter)$；

$$\frac{? \text{Query}(Park, ParkType, 0, EndTime, x)}{? (x>0); \text{Rent}(Park, 1)}$$

$\}$；

$F_{32} = \{$SiteNumber$(AccessSite, 8) \vee$ LessThan$(Account, GateFee)\}$。

复合目标描述如下：

（1）$g = (g_1$ **SeqAnd** $g_2)$ **SeqAnd** g_3。

(2) $g_1 = g_{11}$ **And** g_{12}。

(3) $g_3 = g_{31}$ **Or** g_{32}。

2) 目标之间的时序约束

图 7-1 中存在的时序约束关系如下：

(1) g_1 与 g_2：串行偏序关系，记为 $g_1 < g_2$。

(2) g_1 与 g_3：串行偏序关系，记为 $g_1 < g_3$。

由性质 3-1 可知偏序关系具有传递性，所以 $g_1 < g_3$。

g_{11} 和 g_{12} 是 g_1 的"与"子目标，由性质 3-2 以及 $g_1 < g_2$，$g_1 < g_3$，可得：

$$g_{11} < g_2；g_{12} < g_2；g_{11} < g_3；g_{12} < g_3。$$

又，g_{31} 和 g_{32} 是 g_3 的"或"子目标，由性质 3-2 以及 $g_1 < g_3$，可得 $g_1 < g_{31}$，$g_1 < g_{32}$。同理，由 $g_2 < g_3$，可得 $g_2 < g_{31}$，$g_2 < g_{32}$。

3) 目标之间的满足依赖关系

目标之间存在满足依赖关系包括：

(1) (g_1, g_2, g_3) 和 g："与"关系，记为：

$$(g_1, g_2, g_3) \xrightarrow{and} g。$$

(2) (g_{11}, g_{12}) 和 g_1："与"关系，记为：

$$(g_{11}, g_{12}) \xrightarrow{and} g_1。$$

(3) (g_{31}, g_{32}) 和 g_3："或"关系，记为：

$$(g_{31}, g_{32}) \xrightarrow{or} g_3。$$

7.2.2 旅游预订目标一致性和可满足性判定

目标一致性判定和目标可满足性判定是指对目标描述结构正确性的形式化验证，表现为 GDLs 上的推理过程。所谓目标描述结构正确，是指不存在结构冲突，并且在无异常状态下工作流目标能够因满足而正常终止。

1) 旅游预订目标一致性判定

由第 3 章 3.1 可知，旅游预订目标 $g = g_1$ **SeqAnd** g_2 **SeqAnd** g_3。根据第 4 章第 4.4 节定义 2，目标 g 的一致性判定可以转化为各子目标的一致性判定，进而转换为各原子目标的一致性判定。判定的内容主要包括：

(1) 出发地和目的地不能相同。描述为

$$\neg \, Same(StartPlace, Destination)。$$

(2) 起始时间在结束时间之前。描述为

$$After(StartTime, EndTime)。$$

(3) 住宿宾馆的星级标准符合规范。描述为

$$MoreThan(HotelStar，0) \wedge SmallThan(HotelStar，7)。$$

以 g_{11} 为例说明目标的一致性。目标 g_{11} 是一致的当且仅当其结果公式集 E、规划集 P 以及失效公式集 F 是一致的,公式集是一致的就要求存在常元满足公式中关系的成立,不存在诸如 $\{\perp(a)\}$,$\{C(a)$,$\neg C(a)\}$ 以及 $\{R(a, b)$,$\neg R(a, b)\}$ 等的冲突。

令 $F=\{E_{11}$,P_{11},$F_{11}\}$,使用公式扩充的方法可以求得其一致性。

$F = \{E_{11}$,P_{11},$F_{11}\}$

$= \{$Obtain(MI,$ticket_1$) $\wedge$ Equal($ticket_1$. StartPlace, StartPlace) $\wedge$ Equal(ticket1. EndPlace, EndPlace) $\wedge$ Equal($ticket_1$. Date, StartTime), goto_WebSite(AirLineCenter); $\dfrac{\text{Query}(ticket, StartPlace, StartTime, x)}{?~(x>0);~\text{Order}(ticket, 1)}$; Pay($ticket_1$), SiteNumber(AccessSite, 8) $\vee$ $\neg$ AirLineFrom(StartPlace)$\}$

由 F_{11} 中包含 $\vee$,所以需要将 F 分为两个集合 F_1 和 F_2,分别判断一致性,从而有

$F_1 = \{$Obtain(MI,$ticket_1$) $\wedge$ Equal($ticket_1$. StartPlace, StartPlace) $\wedge$ Equal(ticket1. EndPlace, EndPlace) $\wedge$ Equal(ticket1. Date, StartTime), goto_WebSite(AironLineCenter); $\dfrac{\text{Query}(ticket, StartPlace, StartTime, x)}{?~(x>0);\text{Order}(ticket, 1)}$; Pay($ticket_1$), SiteNumber(AccessSite, 8)$\}$;

$F_2 = \{$Obtain(MI,$ticket_1$) $\wedge$ Equal($ticket_1$. StartPlace, StartPlace) $\wedge$ Equal(ticket1. EndPlace, EndPlace) $\wedge$ Equal(ticket1. Date, StartTime), goto_WebSite(AironLineCenter); $\dfrac{\text{Query}(ticket, StartPlace, StartTime, x)}{?~(x>0);~\text{Order}(ticket, 1)}$; Pay($ticket_1$), $\neg$ AirLineFrom(StartPlace)$\}\}$。

由 F_1 和 F_2 可得,存在常元 $ticket_1$ 使得 E_{11} 中所有公式都是成立的,即 F_1 和 F_2 是一致的,故目标 g_{11} 是一致的。

同理,可得其他目标描述是一致的,从而得到目标 g 的描述是一致的。

2)旅游预订目标可满足性判定

目标 g 的可满足性依赖于各原子目标的可满足性。由第 4 章第 4.4 节定义 3 可得,各原子目标的可满足的,当且仅当 g 的失效条件不能有目标状态 w 推导出来。

以目标 g_{11} 为例说明目标是可满足的。

$\text{Poss}(g_{11}$,$w_{11}) \Longleftrightarrow$ 任意 $\varphi \in F$,有 $w_{11} \nvDash \varphi$。

由 $F = \{$SiteNumber(AccessSite, 8) $\vee$ $\neg$ AirLineFrom(StartPlace)$\}$,容易看出,如果有 AirLineFrom(StartPlace)以及 SiteNumber(AccessSite, 8)可满足的就存在状态 w_{11} 使得目标 g_{11} 是可满足的。

当前各种机构提供的服务是可用的,比如银行、票务中心、宾馆等服务信息系统,能对预订需求及时给出应答。AirLineFrom(StartPlace),以及当前访问网站数为 0,所以存在该状态 w_{11},即 g_{11} 可满足。

同理,可得其他目标描述是可满足的,从而得到目标 g 是可满足的。

7.2.3 多旅游预订目标模型优化

如果多个目标中存在相同的实现步骤,则可以考虑将其合并,以实现迁移实例的行为优化。本例中,g_{11} 和 g_{12} 在规划中有相同的操作,应用第 5 章 5.3 节中两目标优化方法,可以将目标 g_{11} 和 g_{12} 中的过程合并;目标 g_1,g_2 和 g_3 可以使用多目标优化方法进行过程合并。

依据第 5 章 5.2 节定义,将目标 g_{11} 和目标 g_{12} 中的结果公式集划分为确定结果和可能结果,确定结果描述为

$$E_{D11} = [(Obtain(MI, ticket_1), \{p_1\})];$$
$$E_{D12} = [(Obtain(MI, ticket_2), \{p_1\})]。$$

由于 p_1 和 p_2 都使用相同的规划 p_1,$p_1(ticket_1)$ 描述购买启程机票的规划,$p_1(ticket_2)$ 描述购买返程机票的规划。由于结果 $Obtain(MI, ticket)$ 是两目标的确定结果,采用算法 5-1 对其合并,合并后的规划为

$$P = \{ goto\_Website(TicketCenter);$$
$$\frac{? \ Query(ticket, StartPlace, StartTime, x)}{? \ (x>0); Order(ticket, 1)},$$
$$\frac{@Query(ticket, EndPlace, EndTime, x)}{? \ (x>0); Order(ticket, 1)};$$
$$pay(ticket)\};$$

目标 g_1,g_2 和 g_3 可以使用多目标优化方法进行过程合并,由于目标 g_3 是或目标,所以如果目标间的优化需要延至 g_{31} 和 g_{32} 确定之后。

g_1,g_2 和 g_3 的目标规划的合并结果为

$$P_{123} = \{ goto\_Website(TicketCenter);$$
$$\frac{@Query(ticket, StartPlace, Date, x)}{[(x>0)?; Order(ticket1, 1)]};$$
$$\frac{@Query(ticket, EndPlace, EndTime, x)}{? \ (x>0); Order(ticket, 1)};$$
$$goto\_Website(HotelCenter);$$
$$\frac{@Query(hotel, x)}{[(hotel>0)?; Order(Room, 1)]};$$
$$Goto\_WebSite(ParkCenter);$$
$$\frac{@Query(park, parktype, Gatefee, x)}{? \ (x>0); Order(park, 1)};$$
$$pay(ticket_1);$$
$$pay(ticket_2);$$
$$pay(hotel);$$
$$pay(gatefee)\}。$$

7.3　面向目标的工作流建模语言

为了支持运行中的迁移实例对目标说明进行解释和目标调度,本研究设计了一种可执行的目标描述语言(Workflow Goal Excutable Language),称为 WGEL。类似于 BPEL 语言,基于 WGEL 的目标说明通过编辑工具实现。在编辑过程中,编辑器会自动完成语法和

句法检查，并支持目标一致性和目标可满足性自动判定。多目标模型优化需要使用单独的优化工具。

基于 WGEL 的旅游预订服务目标描述如下：

```
    < Requirement ID>N1024</Requirement ID>
    <Name>Arrange Travel Plan</Name>
  <Description>
    <StartPlace>Jinan</StartPlace>
    <EndPlace>Beijing</EndPlace>
    <StartTime>June 10th</StartTime>
    <EndTime>June 15th</EndTime>
    <HotelStar> > = 3 </HotelStar>
    <RoomPrice> 400 </ RoomPrice>
    <ParkType>Historic</ ParkType>
    <GateFee> < = 100 </GateFee>
    </Description>
    <Keyword list>
        <Keyword> StartPlace</Keyword>
        <Keyword> EndPlace </Keyword>
        <Keyword> Time </Keyword>
        <Keyword> Historic </Keyword>
    </Keyword list>
  ...    ...
  </ User Goal Requirement >
  <Workflow Model>
  < Goal ID>G0</Goal ID>
  <Workflow Description >
        Travel Planning system
  </Workflow Description >
  <Workflow Goal >
        Arrange Trave
  </Workflow Goal >
  <Goal>
    <Sub Goal> Obtain(MI,ticket) </Sub Goal >
    <Sub Goal > Order(MI,Hotel)</Sub Goal >
    <Sub Goal > Order(MI,Park)</Sub Goal >
  </ Goal >
  <SubGoal1>
```

```
< SubGoal ID>SG01</ SubGoal ID>
    <Effect>Obtain(MI,ticket₁);
            Obtain(MI,ticket₂);
            Equal(ticket₁.StartPlace,Jinan);
            Ticket(ticket₂.StartPlace,Beijing)
            </Effect>
  <Plan>p₁,p₂</Plan>
    <Failure>SiteNumber(AccessSite,8)
                </ Failure >
<Goal Relation>
    <Father>G0</Father>
    <Child> G01</Child>
    <Child> G02</Child>
    </Child  >
<Keyword list>
        <Keyword>Ticket</Keyword>
        <Keyword> StartPlace</Keyword>
        <Keyword> EndPlace  </Keyword>
      </Keyword list>
<SubGoal11>
  < SubGoal ID>SG011</ SubGoal ID>
    <Effect>Obtain(MI,ticket₁);
          Equal(ticket₁. StartPlace,Jinan);
          Equal(ticket₁. EndPlace,Beijing);
          Equal(ticket₁. Date,2010－6－10)</Effect>
    <Plan>goto_WebSite('http: //www. airline. com');
        ? Query(ticket₁,Jinan,StartTime,Beijing);
        Pay(ticket₁)</Plan>
    <Failure> SiteNumber(AccessSite,8)
                </ Failure >
<Goal Relation>
    <Father>G01</Father>
    <Child> </Child  >
<Keyword list>
        <Keyword>Ticket</Keyword>
        <Keyword> StartTime </Keyword>
        <Keyword> EndTime </Keyword>
      </Keyword list>
```

7.4　旅游预订目标建模实验与分析

工作流模型的正确性包括两方面：结构正确性和语义正确性。对于 GDLs 工作流模型，其结构正确性验证已示例在 7.2.2 节中。语义正确性是指工作流在正常终止时，应该达到组织所期望的业务目标。模型的语义正确性验证既可以通过工作流语义分析进行，也可以通过工作流的执行过程验证。

本节实验在山东大学移动计算及其应用实验室自行研发的迁移工作流平台[23]上进行，以本章第 7.2 节中的旅游服务预订系统的执行过程进行建模实验，主要通过工作流的执行过程验证目标描述逻辑方法在面向目标迁移工作流建模中的可靠性和效用。

描述用户目标时所选参数如下：

（1）出发地和目标地共 20 个，包括北京、上海、济南、青岛等城市。

（2）出发时间和返回时间从 2010 年 6 月 10～20 日中选择。

（3）宾馆类型包括 2 星至 5 星，标准间价格从 60～500 元。

（4）景点类型包括历史文化、风景名胜、主题公园三类；门票价格从 10～100 元。

实验的目的在于通过依据建模结果启动工作流执行，与面向过程的迁移工作流建模方法比较，从而验证建模方法的可靠性和正确性。由于面向过程的迁移工作流方法在建模阶段需要由执行者提供有关业务过程的知识，而面向目标的迁移工作流方法则通过本文提出的建模方法进行，所以在建模阶段，面向目标的方法不再依赖用户对业务过程的了解，同时由于在建模过程中将可能合并的规划进行合并，因此，具有较高的执行效率。

实验在相同的网络环境下进行，分别产生多个用户目标，然后依次建模并启动工作流执行。面向过程的迁移工作流采用用户建模的形式，面向目标的迁移工作流采用静态规划的方法将用户目标转换为迁移实例过程说明；建模完成后，各自启动工作流的运行，分别记录两种建模情况下迁移实例的运行时间。

实验表明，在相同的环境下，面向目标的迁移工作流在执行时间方面相对于面向过程的迁移工作流具有较大的时间优势；而且随着迁移实例数目的增多，两者的差距越来越大。这是由于面向目标的工作流方法在目标规划基础上，充分考虑了可能的规划组合，将需要多次执行的规划进行了合并，从而降低了迁移实例迁移的次数，提高了系统的效率；而且，随着迁移实例的增多，可能合并的规划越多，效果越明显。

7.5　本章小结

本章以旅游预订服务为例，详细介绍了旅游目标描述、目标可满足性判定、多目标模型优化等建模过程。应用示例表明，GDLs 为面向目标的迁移工作流建模提供了一种良好的形式化工具，具有很好的实用价值[10-11]。

与本章内容相关的进一步工作包括[12]：

（1）对建模过程中出现的例外处理机制的研究，比如一旦某原子目标的可满足性发生变化的情况下，如何对现有目标的规划进行修改。

（2）建模过程规划机制的研究，本文主要采用静态规划的方法，由于迁移实例处于复杂多变的网络环境中,规划时的动态方法对于提高系统效率具有重要意义。

参考文献

［1］杜晓辉,曾广周,郭磊等. 面向迁移实例旅行图动态适应性的目录服务研究[J]. 计算机应用研究,2008,25(3):2303-2305.

［2］李鲁艳,曾广周. 基于任务片的旅行图生成算法研究[J]. 计算机工程与应用. 2008,44(32).

［3］王睿. 面向目标的迁移工作流主动服务方法研究[D]. 济南:山东大学,2009.

［4］Wang Rui,Zeng Guangzhou. An Efficient Service Recommendation Using Differential evolutionary Contract Net for Migrating Workflow[J],Expert Systems With Applications,2009.

［5］Wang Rui,Zeng Guangzhou. A Novel Group-Based Active Service Protocol for Migrating Workflows[J],Journal of Central South University of Technology,2009.

［6］宋淼,曾广周,范志强. 基于本体的迁移工作流服务模型研究[J]. 计算机应用,2006,26(7):1517-1519.

［7］Van der Aalst W. The Application of Petri Nets to Workflow Management[J]. The Journal of Circuits,Systems,and Computers,1998. 9(1):26-26.

［8］Adam,NR,Atluri V,Huang W. Modeling and Analysis of Workflows using Petri Nets[J]. Journal of Intelligent Information Sysems,10:2(1998):131-158.

［9］赵卫东,黄丽华,蔡斌. 工作流过程模型研究[J]. 系统工程理论方法应用,2002,11(3):212-217.

［10］Rolland C,Souveyet C,Ben Achour C. Guiding goal modeling using scenarios[J]. IEEE Transactions on Software Engineering,1998,24(12):1055-1071.

［11］Dardenne A,van Lamsweerde A,Fickas S. Goal-directed requirements acquisition[J]. Science of Computer Programming,1993,20(1-2):3-50.

［12］Mylopoulos J,Chung L,Nixon B. Representing and using non-functional requirements:A process-oriented approach[J]. IEEE Transactions on Software Engineering,1992,6(18):483-497.

8 云工作流系统

云计算环境提供了按需随时获取计算服务并按使用付费的计算环境,同时其动态性、分布性、异构性和自治性可以有效地处理传统工作流中管理中的有关问题。在云计算环境中开发科学计算流程、商业流程和协同应用流程,可以方便灵活地构建、执行、管理和监控云计算应用,使得云计算应用能够高效自动执行。

本章组织如下:第 8.1 节引入问题,探讨云计算环境下工作流研究的必要性;第 8.2 节给出了相关的云计算技术;第 8.3 节提出了面向服务的云工作流概念模型;第 8.4 节提出了面向服务的云工作流系统框架;第 8.5 节对云工作流中的调度算法进行了研究;第 8.6 节对相关的研究进行探讨;第 8.7 节简单总结本章并提出下一步的工作。

8.1 引言

工作流是业务过程的全部或部分自动化,在此过程中,文档、信息或者任务按照一系列过程规则在不同的参与者之间流转,实现组织成员间的协调工作以期达到业务的总体目标[1]。作为企业经营过程重组与过程自动化的一种手段,工作流技术可以有效地优化企业的业务流程,提高业务流程的灵活性。因此,越来越多的企业重视利用工作流技术解决信息自动化问题。

传统工作流系统都是集中式结构,将业务过程与企业资源绑定,但若业务模型与组织和资源模型结合过于紧密,在灵活性和可用性方面具有一定的缺陷。近年来研究者把软件 Agent,特别是移动 Agent 技术引入到工作流管理系统的研究中,提出了迁移工作流[2]、面向目标的迁移工作流[3-4]等。与 C/S 结构或 B/S 结构的工作流管理系统相比,尽管移动 Agent 可以在运行时将活动实例化,但要编写一个良好的具有显式业务过程逻辑的工作流说明,仍然需要系统设计者事先知道业务流程的结构化信息,而现代企业和政府的信息资源越来越表现出异构、分布、松耦合等特点,因此,迁移工作流难以适应跨部门、跨组织、跨平台的分布式应用。

随着 Web Service[5] 的发展,研究者通过 Internet 对松散耦合的组件服务进行分布式部署、组合和使用,由于工作流系统本身非常适合以服务的形式进行描述,因此,可以利用 Web Service 技术来解决工作流系统的分布性、跨平台性、互操作性等要求,出现了面向服务的工作流管理方法,如文献[6]中的基于业务生成图的 Web 服务工作流构造方法;以及文献[7]中的面向服务构架工作流系统等。IBM,Microsoft 和 BEA 在 2003 年提出了基于 Web 服务的商业流程执行语言(Business Process Execution Language For Web Service,BPEL4WS),支持可执行的业务流程和抽象流程。但是,BPEL4WS 侧重于描述 Web 服务组合模型,而并非是理想的业务流程描述语言。当前多数基于服务的工作流系统都是采用执行前服务静态绑定的方式,服务请求者必须事先知道服务提供者所提供服务的详细信息。然而,当所调用的 Web 服务发生异常时会造成服务的不可用,导致流程不能正常地运转,从而阻碍了各部门之间的有效合作。

随着人们求解问题规模的不断增大,当今的工作流通常需要在复杂的分布式计算机系统上执行,例如超级计算机、分布式集群系统以及网格系统等。然而,构造这样的系统需要付出异常昂贵的代价,申请访问这些系统也需要复杂耗时的过程。这就要求工作流的运行环境能够进一步的扩大,真正实现一种能够无障碍地、自由地利用 Internet 资源,可自主、灵活地完成设计者预先设计的各种任务。随着云计算(Cloud Computing)技术的深入发展和不断成熟,其高效、灵活、可定制的特点为解决工作流运行过程中遇到的系列难题提供了一种新的思路:许多地理上分离的机构、组织等都有单独的私有云,每个私有云都可以提供一部分服务(存储资源和计算资源),可以将这些私有云看做是独立的数据中心,通过互联网技术形成更大的云计算平台,从而大大提升工作流执行性能。

云工作流(Cloud Workflow),或者说是面向云计算的工作流系统,是工作流管理系统在云环境下的一种新的应用模式。

相比较传统的工作流系统而言,基于云计算的工作流方法的研究意义包括:

(1) 将工作流系统建立在云环境中能使工作流系统获得云平台强大的计算能力和扩展能力[8]。

(2) 开发者能够对云平台中的资源"按需获取",使得工作流系统所需要的硬件资源费用大大减少。

(3) 云计算具有用户友好性,使用云计算平台来建立工作流系统能够提升用户的满意度[9-10]。

(4) 云计算平台的"pay as you go"商业模式有利于减少工作流系统运行产生的费用。

基于上述分析,本章将给出一个集成云计算与工作流的解决方案——面向服务的云工作流方法。从云计算用户的角度看,工作流提供了对复杂应用的抽象定义、灵活配置和自动化运行,进而提高服务质量;从云计算服务提供者的角度看,工作流提供了任务的自动调度、资源的优化和管理,进而压缩了云计算的运行成本。

8.2 云工作流相关技术

8.2.1 云计算技术

自 2007 年 10 月份由 IBM 公司宣布云计划以来,云计算作为一种在分布式计算(Distributed Computing)、并行计算(Parallel Computing)、效用计算(Utility Computing)、

网格计算(Grid Computing)和服务计算(Service Computing)等计算技术基础上演化而来的新型计算范型,目前已经得到了学术界与众多研究者广泛的关注[11]。

8.2.1.1 云计算的由来

在云计算概念出现之前,有关如何利用网络方便用户使用方面的研究业已在学术界得到重视。比如:

(1) 在 20 世纪 60 年代,美国斯坦福大学(Stanford University)的伟大科学家 J. McCarthy就曾预言"未来的计算资源能像公共设施(如水、电)一样被使用"[12]。

(2) 1966 年 Douglas Parkhill 在他的著作《The Challenge of the Computer Utility》中对 J. McCarthy 的理论做了进一步的阐述,他将计算资源比作电力公司,并提出了社区资源、公有资源以及私有资源等概念,类似动态扩展、在线发布等今天被广泛提起的云计算特征[13]。

(3) 美国 Sun 公司于 1983 年就提出了"网络是电脑"("The Network is the Computer")的思想[14]。

(4) 2006 年 3 月,亚马逊推出弹性计算云(Elastic Compute Cloud,EC2)服务。

(5) Google 首席执行官埃里克·施密特(Eric Schmidt)在 2006 年的搜索引擎大会(SES San Jose 2006)上首次提出了云计算(Cloud Computing)的概念,这被看做是云计算概念的由来。

(6) 2007 年 10 月 Google 公司与 IBM 公司开始在美国大学校园逐步推广云计算的计划,这些大学包括卡内基梅隆大学(Carnegie Mellon University)、麻省理工学院(Massachusetts Institute of Technology,MIT)、斯坦福大学(Stanford University)、加州大学柏克莱分校(University of California,Berkeley)以及马里兰大学(University of Maryland)等。这项计划包括:给各个大学提供相关的软硬件设备并辅以技术支持;鼓励学生通过网络开发以大规模计算为基础的研究计划等。

(7) Google 在 2008 年 1 月 30 日与台湾的"国立"台湾大学("National" Taiwan University,NTU)、"国立"交通大学("National" Chiao Tung University)进行合作,在校园内推广先进的大规模、快速计算技术。

(8) IBM 公司于 2008 年 2 月 1 日宣布将在中国无锡太湖新城科教产业园为中国的软件公司建立全球第一个云计算中心(Cloud Computing Center)。

(9) 2008 年 7 月 29 日,雅虎(Yahoo)、惠普(HP)和英特尔(Intel)宣布一项涵盖美国、德国和新加坡的联合研究计划,该计划以云计算研究测试为基础,在各地创建 6 个数据中心(Data Center)作为试验平台。在数据中心的配置上也做了具体的要求,每个数据中心配置有 1 400~4 000 个处理器。参与合作的单位还有新加坡资讯通信发展管理局、德国卡尔斯鲁厄大学 Steinbuch 计算中心、美国伊利诺伊大学香宾分校(Champaign)、英特尔研究院等。

(10) 2010 年 3 月 5 日 Novell 与云安全联盟共同宣布一项供应商中立计划,名为"可信任云计算计划"。

(11)2010 年 7 月美国国家航空航天局和包括 Rackspace,AMD,Intel,DELL 等支持厂商共同宣布"OpenStack"开放源代码计划,微软在 2010 年 10 月表示支持 OpenStack 与 Windows Server 2008 R2 的集成;而 Ubuntu 已把 OpenStack 加至 11.04 版本中。

(12) 2011 年 2 月思科系统正式加入 OpenStack,重点研制 OpenStack 的网络服务。

(13) 2011 年 10 月 20 日中国盛大集团宣布旗下产品 MongoIC 正式对外开放,这是中国第一家专业的 MongoDB 云服务,也是全球第一家支持数据库恢复的 MongoDB 云服务。

图 8-1 给出了云计算的演进与由来。

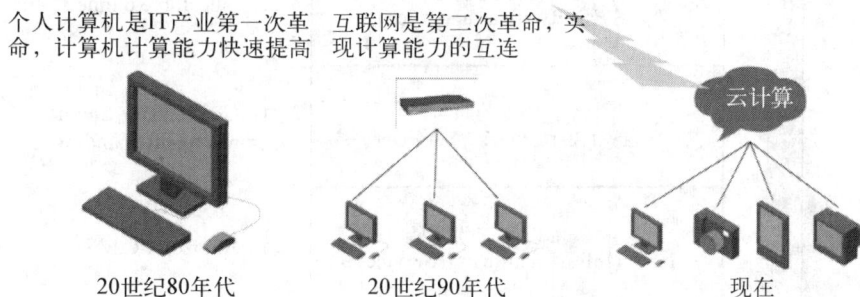

图 8-1　云计算的演进与由来

8.2.1.2　云计算的概念

目前,在学术界有关云计算的概念尚无统一的定义,不同的研究者从各自不同的应用领域出发,给出了一些定义。比如:

● 刘鹏将其定义为:云计算是一种商业计算模型。它将计算任务分布在大量计算机构成的资源池上,使各种应用系统能够根据需要获取计算力、存储空间和信息服务[15]。

●维基百科(Wiki)的定义为: Cloud computing is a phrase used to describe a variety of computing concepts that involve a large number of computers connected through a real-time communication network such as the Internet. 即云计算是一种通过 Internet 以服务的方式提供动态可伸缩的虚拟化的资源的计算模式[16]。

● NIST(National Institute of Standards and Techonlogy,美国国家标准与技术研究院)将其定义为: Cloud computing is a model for enabling convenient, on-demand network access to a shared pool of configurable computing resources (e. g., networks, servers, storage, applications, and services) that can be rapidly provisioned and released with minimal management effort or service provider interaction. 即云计算是一种按使用量付费的模式,这种模式提供可用的、便捷的、按需的网络访问,进入可配置的计算资源共享池(资源包括网络、服务器、存储、应用软件、服务),这些资源能够被快速提供,只需投入很少的管理工作,或与服务供应商进行很少的交互[17]。

综合上述定义,我们给出如下的定义:云计算是一种可以随时、随地、按需提供计算资源、存储资源等动态可扩展的计算模型。凡是符合这些特征的 IT 服务都可以称为云计算服务。

8.2.1.3　云计算的服务形式

当前,不同的云计算服务提供商开发了不同的云计算服务,主要包括以下形式:

(1) SaaS(Software as a Service),即将软件作为服务。

(2) PaaS(Platform as a Service),即将平台作为服务。

(3) IaaS(Infrastructure as a Service),即将基础设施作为服务。

如图 8-2 所示。

1) SaaS

SaaS 是指云计算服务提供商将应用软件统一部署在自己的云服务器上,用户只要连接上网络通过浏览器,就能够直接使用在云端上运行的应用软件。在此过程中,用户要依据所

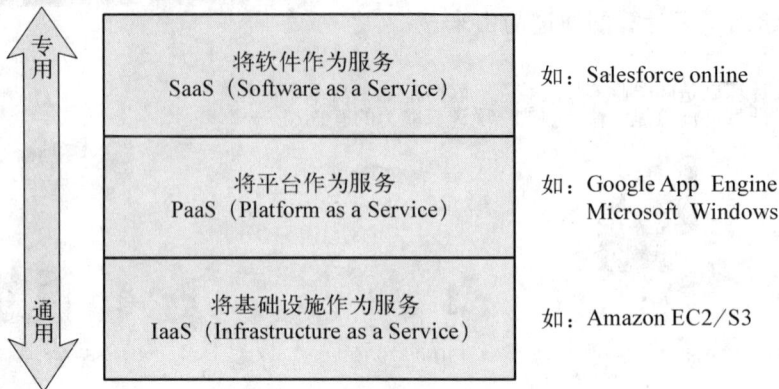

图 8-2　云计算的服务形式

使用软件的类型、数量多少、时间长短以及功能模块等因素支付一定的费用。通过 SaaS 这种模式，用户不需要像传统模式那样花费大量的资金用于购买硬件、软件等，仅需支出一定的租赁服务费用，通过互联网就可以享受到相应的硬件、软件和维护等服务，这是网络应用最具效益的营运模式。特别是对小型企业而言，SaaS 是构建企业信息化的最好途径。以企业管理软件为例，SaaS 模式的云计算 ERP 可以让客户根据并发用户的数量、所用功能多少、使用时间长短、数据存储容量等因素按需支付相应的服务费用，由此省去了客户的软件注册费用，用于购买服务器等硬件设备费用，以及操作系统、数据库等系统软件的软件费用。实际上，云计算 ERP 正是继承了开源 ERP 免许可费用只收服务费用的最重要特征，在此基础上突出了服务的 ERP 产品。目前，Salesforce. com 是提供这类服务最有名的公司，Google Doc，Google Apps 和 Zoho Office 也属于这类服务。

当前，各家云计算服务提供商在 SaaS 层主要提供以下功能：

（1）随时随地访问：即用户只要连接上网了就可以访问 SaaS 服务，而不受时间、地点的限制。

（2）支持公开协议：即能够支持公开的协议（比如 HTML4/5）以方便用户使用。

（3）安全保障：即用户存储在云计算环境中的数据安全问题，要求 SaaS 服务提供商采取一定的安全机制，保证数据处于绝对的安全状态；同时，也要在用户端实施一定的安全机制（比如 HTTPS）来保护用户。

（4）多用户（Multi-Tenant）机制：即要求 SaaS 能够支持庞大的用户规模；同时，对每一个用户提供一定的可定制性以满足用户的特殊需求。

2）PaaS

PaaS 是指云计算服务提供商提供应用服务引擎，比如互联网应用程序接口（API）或者运行平台，用户基于服务引擎以构建该类服务。通过 PaaS 这种模式，用户可以在一个包括 SDK、文档和测试环境等在内的开发平台上非常方便地编写应用，而不必关心软件的部署，或者运行时操作系统、存储位置等资源这些繁琐的工作。比如，Salesforce. com 公司的云计算结构 Force. com，该平台作为一个服务运行在互联网上，是完全即时请求的，收费是以登录为基础的。比如，一台运行 Google App Engine 的服务器能够支撑成千上万的应用，也就是说，PaaS 是非常经济的。PaaS 主要的用户是开发人员。

当前，各云计算服务提供商提供的 PaaS 服务具有如下功能：

（1）友好的开发环境：即用户能够通过云计算服务提供商提供的 SDK 和 IDE 等工具在本地方便地进行应用程序的开发与测试。

（2）丰富的服务：即 PaaS 平台会以 API 的形式为上层提供各种各样的服务。

（3）自动的资源调度：即资源的可伸缩性，该功能一方面可以优化系统资源；另一方面可以通过自动调整资源更好地应对突发流量。

（4）管理与监控：即通过 PaaS 能够提供应用层的管理和监控，比如，通过观察应用程序的运行状况和具体参数（如吞吐量、响应时间等）来更好地衡量应用程序的状态。

3）IaaS

IaaS 是指云计算服务提供商将多态服务器组成的"云端"基础设施，作为服务提供给用户；用户可以方便地获取所需的虚拟机或者存储等资源以满足相关的应用；同时，由云计算服务提供商负责这些基础设施的管理工作。IaaS 主要的用户是系统管理员。比如，亚马逊公司的 Amazon Web 服务（AWS）、IBM 的 BlueCloud 服务等均是将基础设施作为服务出租。

IaaS 的优点是用户只需低价的硬件，按需租用相应计算能力和存储能力，大大降低了用户在硬件上的开销。

当前，各云计算服务提供商提供的 IaaS 服务具有如下功能：

（1）资源抽象：使用资源抽象的方法（比如资源池）能更好地调度和管理物理资源。

（2）资源监控：通过对资源的监控，能够保证基础设施高效运行。

（3）负载管理：通过负载一方面可以使部署在基础设施上的应用能更好地应对突发情况；另一方面，还能更好地利用系统资源。

（4）数据管理：数据的完整性、可靠性以及可管理性是对 IaaS 的基本要求。

（5）资源部署：能够实现将整个资源从创建到使用整个过程的自动化。

（6）安全管理：IaaS 的安全管理的主要目标是保证基础设施和其提供的资源被合法地访问和使用。

（7）计费管理：利用计费管理功能可以有效地保证用户使用资源。

4）SaaS，PasS 以及 IaaS 三者之间的关系

SaaS，PaaS 以及 IaaS 之间的关系可以从两个角度进行分析：

（1）用户体验角度。从用户体验角度来看，SaaS，PaaS 以及 IaaS 三者之间的关系是独立的，面对的是不同类型的用户。

（2）技术角度。从技术角度来看，三者之间并不是简单的继承关系：SaaS 基于 PaaS，而 PaaS 基于 IaaS。因为 IaaS 是基础，PaaS 可以构建于 IaaS 之上，也可以直接构建在物理资源之上；其次，SaaS 可以是基于 PaaS 或者直接部署于 IaaS 之上。

当然，应该看到，无论是 SaaS，PaaS 还是 IaaS，它们的核心概念都是为用户提供按需服务（Pay as you go）。于是产生了"一切皆服务"（Everything as a Service，EaaS 或 XaaS）的理念。基于这种理念，以云计算为核心的创新型应用不断产生。云计算与电子商务结合产生的电子外包就是前景看好的应用之一。

8.2.2 云工作流研究现状

面向服务的云工作流技术是云计算应用中提供互联协同功能的核心技术，目前有关的研究尚处于初级阶段，相关的文献比较少，从近年的 Baidu，Google 等搜索引擎中文献的数

量来看,正处于快速增长的时期,反映了面向服务的云工作流研究已逐渐得到了关注。目前国内外研究的基本情况总结如下:

(1) Xiao Liu 等[18,19]在集群工作流、网格工作流、云计算等概念基础上,探讨了一种云计算环境下基于 P2P 的工作流系统,并对其中的工作流调度、资源存储等问题进行了探讨。由于上述系统是建立在实验室原有的网格工作流基础上的,并未真正涉及跨平台等问题的研究。

(2) Adnan Fida[20]提出了面向服务的云计算环境(Service Oriented Computing Cloud, SOCC)下工作流调度方法,该方法利用服务组合对服务进行重用和扩展以及构造新的应用,对我们研究云计算环境下面向服务的工作流具有非常重要的启发。由于云环境下工作流还有着自身的特点,原有的调度策略在一些场合的执行效率上存在问题。云环境下工作流调度策略应考虑新的特点:① 云为多个用户提供服务,调度策略必须照顾到不同用户的不同 QoS 需求;② 在同一时间会有很多工作流实例在云计算平台上,应能够调度多工作流;③ 新的工作流可能在任何时候启动。云环境下工作流调度是 NP-Hard 难题,目前的调度算法都是启发式的,不具备一定通用性。李文浩[21]采用基于 Java 的分布式资源建模和资源管理调度模拟工具包 GridSim 作为实验工具,通过全局 QoS 分解、社区成员间调度、社区成员内调度等方法提出了面向社区云的实例密集型工作流调度策略。

(3) 在文献[22]中,Pandey 等使用 Aneka 作为云中间件,在其上面 Gridbus 工作流管理系统[23]部署和管理工作流任务的执行。

(4) MWMS 是由澳大利亚墨尔本大学 Rajkumar Buyya 教授及其团队开发的基于分布式计算资源的科学应用项目运行平台。文献[24]给出了 MWMS 在 Amazon 弹性云上的实际应用情况,并证明了 MWMS 在有限的云计算资源中执行上千个事务时可保证系统的可伸缩性,同时也可通过任务的动态调度缩减系统的执行时间。

云工作流是云计算发展过程中的必由之路,这是因为:运行成本与计算服务质量是云计算产业发展的最重要因素,而云工作流在压缩云计算运行成本、提高云计算服务质量方面无疑有着其独到的优势——它为云计算用户提供了对复杂应用的抽象定义、灵活配置和自动化运行;也为云计算提供商带来了任务的自动调度、资源的优化配置和管理。

针对当前云计算与云工作流发展现状,我们提出以下几点展望,同时也是云工作流发展目前存在的问题:

(1) 高的可扩展性。由于云计算平台是开放并面向大众的,这意味着其用户数将极其庞大,这些用户运行的工作流数量也将极为庞大。显然,单个的工作流服务是无法满足需求的,因而需要一个易扩展的工作流服务环境。

(2) 更灵活有效的负载变动。在实际运行中,用户的负载将发生变化。从经济性的角度看,如果安装固定的多个工作流引擎实例以满足高峰时的需求,在负载较轻的时候将浪费资源。因而,需要工作流服务环境能够针对负载变动进行动态配置。另外,工作流服务提供的多个功能(例如模型导航、服务调用、数据处理等)在实际运行中其负载也并非相同,因此,需要对工作流服务进行重新设计,以确定其细分的结构,使其细分的结构组件可以进行动态配置。

(3) 与底层计算资源和其他资源的集成。用户定义的工作流是从业务逻辑角度出发的,业务工作流将业务流程透明的映射到"云"层的计算资源和其他资源上。在映射的过程中,一方面要对资源按照相应的需求和云计算平台管理资源的特点进行配置(例如软件的安装、数据的传输);另一方面,需要对资源的使用按照多个具有不同优先级的工作流实例引发的资源供求进行滚动优化(例如,按照工作流中服务调用的期望时间进行资源预留)。就目前云计算环境下的工作流服务实现技术而言,基本上都属于配置多个工作流服务以提供高性能处理能力,而对负载变动,以及与底层资源的优化集成的研究还需要深入展开。

8.3 面向服务的云工作流概念模型

依据国际工作流联盟的定义,工作流是业务流程的全部或部分自动化,在此过程中,文档、信息或者任务按照一定的过程规则流转,实现组织成员间的协调工作以期达到业务的整体目标[1]。在面向服务的云工作流中,云工作流系统负责创建协同服务流程、搭建协同服务执行网络以及管理流程执行过程,是实现云工作流系统的核心。

定义 1 面向服务的云工作流(Cloud Workflow based on Service)。

面向服务的云工作流可以描述为一个元组(Wid,WI,SC,Engine),其中,

(1) Wid 为工作流标识。

(2) $WI=\{wi_1, wi_2, \cdots, wi_n\}$ 是工作流实例的集合,每个实例 $wi \in WI$ 实现一个目标相对独立的业务过程。

(3) $SC=\{sc_1, sc_2, \cdots, sc_m\}$ 是一个服务云(Cloud Service)集合,为所有工作流实例提供实现目标所需要的各种服务(虚拟资源)。

(4) $Engine=(G_{wi}, G_{sc})$ 是面向业务流程目标的工作流引擎,其中,G_{wi} 定义在工作流实例集合 WI 和服务云集合 SC 上,它不仅掌握所有服务云的资源状况与服务能力,能够依据业务流程的总目标以及目标分解规则,规划何时、何地以及如何创建或派生工作流实例,而且掌握所有 $wi \in WI$ 的工作需求、外部特征和当前状态,能够实施对工作流实例工作的协调和管理;G_{sc} 定义在集合 SC 上,它负责服务的组织和管理,并协调多个工作流实例抢占同一个服务时的冲突。

面向服务的云工作流是一个非集中式的系统,服务云 SC 提供了服务的具体位置,要求工作流实例自身迁移到物理机上去调用相应的服务。当将业务过程 BP 映射为一个工作流实例,并且保证每个实例都能得到可靠的工作流服务时,可做出如下定义。

定义 2 云工作流实例(Cloud Workflow Instance, CWI)。

云工作流实例可以用一个八元组描述(wiid, TL, t, SC, p, S, ToL, MC),其中:

(1) wiid 为可认证的实例标识。

(2) $TL=(\{\langle t_1, R_1, S_1 \rangle, \langle t_2, R_2, S_2 \rangle, \cdots, \langle t_n, R_n, S_n \rangle\}, Schedule)$ 是工作流实例携带的任务说明书,包括任务列表 $\{\langle t_1, R_1, S_1 \rangle, \langle t_2, R_2, S_2 \rangle, \cdots, \langle t_n, R_n, S_n \rangle\}$ 和任务调度 Schedule 两部分。其中,任务 t_i 对应 BP 中的活动 a_i, $i=1, 2, \cdots, n$, R_i 是任务 t_i 的资源需求,S_i 是任务 t_i 的服务需求,Schedule 是依照目标预先定义的任务执行关系 AR。

(3) t 为云工作流实例 wi 当前正在处理的任务,$t \in TL$。

(4) SC 为允许 wi 可利用的服务云集合,$SC_{wi} \in SC$。

(5) p 为 wi 当前所处的服务云,$p \in SC_{wi}$。

(6) S 为工作流实例 wi 的当前状态。

(7) ToL 为工作流实例 wi 的生命周期。

(8) MC 为工作流实例 wi 的工作机,包括任务执行与中止,多任务协调,当前工作状态捕获,当前位置上资源与服务的可满足性检测,迁移查询,决策与迁移,自身安全保护等。

定义 3 服务云(Service Cloud)。

服务云 sc 可表示为一个二元组形式,即 sc=(Server,ServiceNode),其中:

(1) Server 负责对服务云进行管理,并向服务节点分配流程任务。

(2) ServiceNode 对自身包含的 Web Service、服务器等用于执行云成员服务的网络资源的抽象化表示,这些服务节点由云成员独立管理和维护,是协同服务最终的执行者,它获取服务请求,处理输入数据并返回执行结果。

每个服务云 sc∈SC 都负责管理某一种类型的服务,服务云是动态的,依据规则对加入、退出的资源进行管理。甚至当云的规模过于庞大时,会依据地理位置、网络配置等主动将其分解为两个云结构。

8.4　面向服务的云工作流结构模型

面向服务的云工作流系统结构模型包括:

(1) 云工作流引擎(Cloud Workflow Engine)。

(2) 服务云(Service Cloud)。

(3) 云服务管理机(Cloud Service Management Machine)。

(4) 用户接口(User Interface)。

图 8-3 给出了面向服务的云工作流系统结构模型。

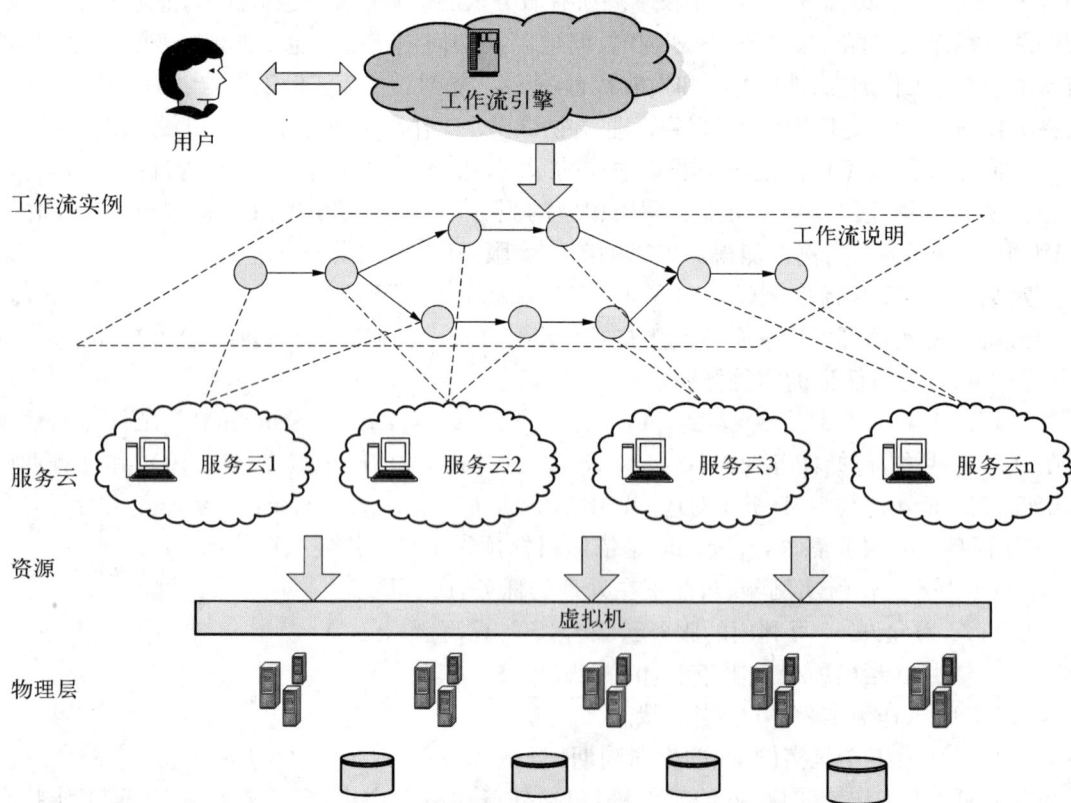

图 8-3　面向服务的云工作流系统结构模型

从体系结构的角度来看,面向服务的云工作流包含四个层次:

(1) 应用层(Application Layer):主要完成用户或服务注册等用户基本功能,以及工作流任务的提交、管理、监控等功能。

(2) 平台层(Platform Layer):主要包含一些云服务中间件,对标识、认证、授权、目录安全性等服务进行标准化和操作,为应用提供统一的标准化程序接口和协议,隐藏底层硬件、操作系统和网络的异构性,统一管理网络资源。其用户管理包括用户身份验证、用户许可、用户定制管理;资源管理包括负载均衡、资源监控和故障检测等;安全管理包括身份验证、访问授权、安全审计和综合防护等;映像管理包括映像创建、部署和管理等。

(3) 统一资源层(Unified Resource Layer):指一些可以实现一定操作具有一定功能,但其本身是虚拟而不是真实的资源,如计算池、存储池和网络池、数据库资源等,通过软件技术来实现相关的虚拟化功能包括虚拟环境虚拟系统和虚拟平台等。

(4) 基础设施层(Physical Hardware Resource):主要指能支持计算机正常运行的一些硬件设备及技术,可以是价格低廉的,也可以是价格昂贵的服务器及磁盘阵列等设备,可以通过现有网络技术、并行技术和分布式技术将分散的计算机组成一个能提供超强功能的集群,用于计算和存储等云计算操作。

8.5　基于移动 Agent 的云物流平台联盟策略

8.5.1　引言

智能物流(Intelligent Logistics)将信息技术、智能技术等大范围、全方位地运用到物流系统中,以提高信息的获取、传递、处理以及应用能力,是现代物流沿着智能化方向发展的必然结果。信息是智能物流系统的核心要素。随着人们对云计算(Cloud Computing)研究的不断深入,出现了利用云计算平台为物流系统各环节提供服务的需求,这种构建在云计算平台上的物流信息系统平台称为"云物流信息平台",如文献[25]中的物流联盟企业的云计算公共技术平台,以及文献[26]中提出的基于云计算的物流信息平台等。由于目前尚未对云计算形成统一的标准,不同的云计算平台之间由于平台异构不能进行应用的互操作与互交互,从而使得目前的云物流信息平台具有一定的局限性。为此,本节提出一种基于移动 Agent 的云物流信息平台联盟策略以解决异构平台交互的问题,从而作为一种技术标准以实现云物流信息平台的互操作方法。

8.5.2　基于移动 Agent 的云物流信息平台联盟策略

8.5.2.1　基于移动 Agent 的云物流信息平台联盟模型

目前的云计算技术使用相对集中的计算资源为各种分布式应用提供服务,相互之间不能实现计算资源的流通和组合。因此,可能会出现这种情况:在构建智能物流信息平台时,各个云计算服务提供商(Cloud Computing Service Provider,CCSP)各自搭建自己的专用云计算平台,尽管同样能够提供各种服务,但是各平台之间不能进行应用的互移植性和互操作,即云物流平台 1 和云物流平台 2 不能通过可扩展的形式产生一个更大的物流信息平台。在文献[27]中针对平台的互操作问题提出了一个利用协调器(Coordinator)来构成 P2P 网络的解决方案,但他们的云联盟模型未考虑到异构的不同类型 CCSP 之间的交互问题。

移动 Agent 是一类特殊的软件 Agent，具有可移动性，能够代表人或其他程序完成指定的任务。其工作过程可以描述为：利用远程主机提供的运行环境，不断地完成收集信息、执行特定操作、实现特定目标、转移到其他主机等过程，直到实现目标，或者根据条件终止运行[28]。基于上述分析，提出一种在现有不同异构物流平台之间实现互移植和互操作的方法，在目前缺乏统一云计算标准的条件下，作为云物流平台联盟的一种实现手段[29-30]。

移动 Agent 可以在复杂和异构的网络环境中自主地从一台主机移到另一台主机，通过将应用程序代码或用户任务封装在其中，实现异构云物流平台之间应用的可移植性；同时，位于不同云物流平台上的 Moblie Agent 之间可以通过 Mobile Agent 互操作设施（Mobile Agent System Interoperabilty Facility，MASIF）和智能实体基础（Foundation for Intelligent Physical Agents，FIPA）规范进行协商和协作，以实现不同云物流平台之间的互操作性。如图 8-4 所示。

图 8-4 基于移动 **Agent** 的云物流信息平台模型

基于移动 Agent 的云物流信息平台联盟模型的体系结构如图 8-5 所示。

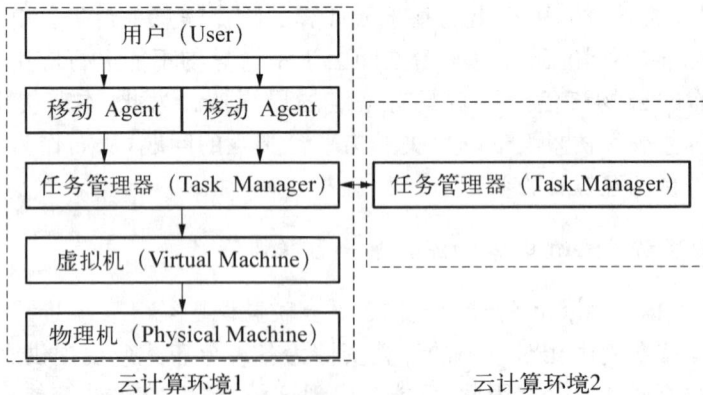

图 8-5 基于移动 **Agent** 的云物流信息平台联盟模型的体系结构

为此，在每一个云物流平台域（指一个 CCSP 或同一 CCSP 内不同的平台域）内每一个支持开放云服务的虚拟机（可以是支持 Windows 或 Linux 等操作系统的虚拟机，也可以是物理机）上安装和运行移动 Agent 运行环境，并由移动 Agent 运行环境向域任务管理器进行注册，已登记自己的身份识别码（Identification，ID），提供需要的服务和资源等信息。

在每一个平台域内设置一个单独的高性能物理机或虚拟机作为任务管理器,负责移动 Agent 的入口,并在域内进行负载均衡管理;用户派遣出携带任务的移动 Agent 可以经由任务管理器发送到特定虚拟机上的移动 Agent 环境中运行。任务管理器定时和有选择地与其他任务管理器交换运行环境的注册信息,监控移动 Agent 的运行状态,提供资源信息索引服务,以及与其他云物流平台域内的任务管理器进行协调。此外,任务管理器的地址需要发布在 Internet 的多个 Web 站点上,并可以及时更新。

8.5.2.2 基于移动 Agent 的云物流信息平台运营机制

运营过程可以描述为:用户将移动 Agent 通过网络发送到一个 CCSP 的云物流平台域内的任务管理器中,由任务管理器将移动 Agent 分配给某个虚拟机上的移动 Agent 运行环境来运行;移动 Agent 任务管理器读取移动 Agent 信息,判断是否是一个 Agent 或其他数据,如果是移动 Agent 则依据本域内的资源使用情况,决定接受还是发送到其他虚拟机。

较为复杂的情形是,用户的任务由多个功能不同的移动 Agent 组成,这些移动 Agent 被分配到不同的虚拟机上的移动 Agent 环境中运行,移动 Agent 可以在运行过程中移动,同时,这些移动 Agent 相互之间通过协商或协作以共同完成用户的使用。

更为复杂的情形是,若干用户的任务被分配到多个移动 Agent 中,这些移动 Agent 需要相互协商、协作,甚至竞争来满足不同用户的目标(如由代表用户的移动 Agent 来参与电子商务的情形)。

8.5.3 实验

云计算仿真软件 CloudSim 是专门为云计算的研究和开发而推出的,可在 Windows 和 Linux 系统上运行,它继承了 GridSim 的编程模型,能够模拟云的多方面特性;在该平台上分别部署 IaaS,PaaS,SaaS 等,包括物流信息平台(如物创物流信息平台);仓储管理系统(如 SAP ERP)等,同时分别给各级用户分配不同的角色进行验证。本节扩展 CloudSim 进行模拟实验测试移动 Agent 在各个云物流平台间的可移植与互操作性能。

为了验证本节提出的基于移动 Agent 的云物流信息平台联盟的可行性,我们建立了原型系统(Cloud Logistics Platform System based on Mobile Agent),模拟了 10 个云计算服务提供商的情况下物流信息的检索、存储等能力,虚拟机软件为 VMware Workstation 9,每一台虚拟机上模拟一个 CCSP,安装 IBM Aglets2.0.2。实验假设每个单位时间内有 Ni 个检索任务提交给第 i 个 CCSP 的任务,Ni 是介于 0~100 之间的随机数,每个任务的执行时间 ETt 是介于 0~10 个单位时间的随机值,在 t 个单位时间内新到达 CCSPi 的任务负载为: Wit=Ni∗ETt,每个 CCSP 的执行能力为 EC(假设 275 任务负载/单位时间)。

实验用户平均满意度 AUS(Average User Satisfaction)和 CCSP 的平均设备利用率 AUR(Average Utilization Ratio)作为衡量模型的两个指标。

用 Wt 表示 t 时刻整个云物流平台的任务负载,则可得

$$W_t = \begin{cases} 0, & t = 0 \\ W_{t-1} + \sum_{i=1}^{10} N_i \times ET_t, & t = 1 \\ W_{t-1} + \sum_{i=1}^{10} N_i \times ET_t - 10EC, & t > 2 \end{cases} \qquad (8-1)$$

将用户在 t 时刻对云计算平台的满意度 AUS_t 定义为总负载和总处理能力比值的倒数，在总负载小于等于总处理能力时，满意度定义为 1。整个平台联盟总的平均满意度为全部时刻的满意度的平均。即由式(8-1)可得

$$AUS_t = \begin{cases} 1, & W_t <= 10EC \\ 10EC/W_t, & \text{否则} \end{cases} \tag{8-2}$$

$$AUS = \sum_{t=1}^{T} AUS_t/T \tag{8-3}$$

由公式可得 t 时刻的设备利用率以及总的设备利用率为

$$AUR_t = \begin{cases} 1 \times (1-TP), & W_t >= 10EC \\ W_t(1-TP)/10EC, & W_t < 10EC \end{cases} \tag{8-4}$$

$$AUR = \sum_{t=1}^{T} AUR_t/T \tag{8-5}$$

在上述参数下，分别对 3 000 单位时间和 5 000 单位时间内的平均满意度和设备利用率进行了实验，结果如表 8-1 所示。

表 8-1　不同数目的 Agent 在云物流平台间处理时间比较

实验时间 T	3 000	5 000	单位时间 T	3 000	5 000
AUS1	0.921 8	0.899 8	AUR1	0.869 9	0.692 7
AUS2	0.965 0	0.821 6	AUR2	0.876 6	0.717 6
AUS3	0.863 0	0.931 8	AUR3	0.815 9	0.839 2
AUS4	0.987 8	0.709 5	AUR4	0.931 6	0.970 8
AUS5	0.993 8	0.831 8	AUR5	0.982 7	0.892 8
AUS6	0.961 8	0.821 4	AUR6	0.806 6	0.727 5
AUS7	0.968 2	0.956 8	AUR7	0.837 6	0.908 4
AUS8	0.988 3	0.962 8	AUR8	0.870 4	0.804 9
AUS9	0.956 8	0.932 5	AUR9	0.901 6	0.933 4
AUS10	0.893 9	0.947 7	AUR10	0.920 0	0.608 5

由表 8-1 可得：T = 3 000 时，AUS = 0.950 0，AUR = 0.881 3；T = 5 000 时，AUS = 0.881 6，AUR = 0.809 6。结果表明由于各 CCSP 可以在相互之间移植计算任务，在平均满意度 AUS 和设备利用率 AUR 两个指标上都取得了较好的效果；随着时间的延长，两指标略有下降。但相比较其他的方法都有了较大的提高。

8.6　本章小结

云计算环境提供了按需、随时获取计算服务并按使用付费的计算环境，同时其动态性、分布性、异构性和自治性可以有效地处理传统工作流中管理的有关问题。在云计算环境中

开发科学计算流程、商业流程和协同应用流程,可以方便灵活地构建、执行、管理和监控云计算应用,使得云计算应用能够高效、自动地执行。

基于云计算的物流信息平台将通过部署实现软硬件资源在不同客户之间的共享,达到降低成本与降低管理复杂度等目的,使每个用户在系统管理人员指定的时间内享受"云计算"提供的"按需供给"服务,即为众多中小企业提供软件、平台、基础设施等方面的计算资源租赁服务[30,31]。本章将云计算优势和移动 Agent 技术的优势进行结合,提出了利用移动 Agent 技术实现云物流信息平台联盟的模型,从而将不同的资源聚合成一个大的资源池。通过单机原型系统的模拟实验表明,基于移动 Agent 的联盟可以实现物流信息资源的共享,不仅对完善现代物流功能具有重要的现实意义,而且对发展跨行业、跨区域、跨国度的现代物流具有实际的应用价值[33,34]。

参考文献

[1] Workflow Management Coalition[R]. Workflow Management Coalition Terminology & Glossary WFMC-TC-1011. 1996.

[2] 曾广周,党妍. 基于移动计算范型的迁移工作流研究[J]. 计算机学报,2003,26(10):1343-1349.

[3] Wu Xiuguo. Goals Description and Application in Migrating Workflow System [J]. Expert Systems with Application,2010(10). (SCI:643CJ)

[4] 吴修国. 目标描述逻辑研究[J]. 山东大学学报(理学版),2009(11):68-74.

[5] 马伟. 面向服务的工作流系统研究与实现[D]. 曲阜:曲阜师范大学,2011.

[6] 胡春华,吴敏,刘国平等. 一种基于业务生成图的 web 服务工作流构造方法[J]. 软件学报,2007,18(8):1870-1882.

[7] 黄振. 面向服务构架工作流系统的研究与设计[D]. 上海:复旦大学,2008.

[8] Pandey, Chao, Voorsluys, et al. Workflow Management System on Clouds and Global Grids[C]. Proc. of IEEE 4th International Conference on e-Science, December 2008. [S. I]: IEEE Computer Society,323-324.

[9] Buyya,Yeo,Venugopal,et. Market-Oriented Cloud and Atmospheric Computing:Hype, Reality, and Vision[C]. Proc. Of 10th IEEE International Conference on High Performance Computing and Communications (HPCC-08),Dalian, China, September,2008. China:Association for Computing Machinery,5-13.

[10] Yu, Buyya. A Novel Architecture for Realizing Grid Workflow Using Tuple Spaces[C]. Proc. of the 5th IEEE/ACM International Workshop on Grid Computing, Pittsburgh, USA, November, 2004. Pittsburgh:IEEE Computer Society,119-128,2004.

[11] 李乔,郑啸. 云计算研究现状综述[J]. 计算机科学,2011,38(4):32-37.

[12] Wikipedia. John McCarthy(computer scientist)[EB/OL]. (2008.12-10). http://en. wikipedia. orgwiki/John-McCar-implementation of a high performance data cloud[C].

[13] Parkhill D F. Challenge of the computer utility[J]. 1966.

[14] 邓倩妮,陈全. 云计算及其关键技术[J]. 高性能计算发展与应用,2009,1(2):6.

[15] 刘鹏. 云计算. 电子工业出版社,2010.

[16] [维基百科]. Cloud computing[EB/OL]. Http://en. wikipedia. org/wiki/Cloud_computing.

[17] Mell P,Grance T. The NIST definition of cloud computing[J]. National Institute of Standards and Technology,2009,53(6):50.

[18] Xiao Liu, Dong Yuan, Gaofeng Zhang, et al. SwinDeW-C: A peer to peer Based Cloud Workflow System, 2008.

[19] Y. Yang, K. Liu, J. Chen, etc. An Algorithm in SWinDeW-C for Scheduling Transaction-Intensive Cost-Constrained Cloud Workflows[C]. Proc. 4th IEEE International Conference on e-Science (E-Science08), 2008.

[20] Adnan Fida. Workflow Scheduling for Service oriented Cloud Computing[D]. Thesis of University of Saskatchewan. 2008.

[21] 李文浩. 面向社区云的实例密集型工作流调度方法研究[D]. 济南：山东大学, 2010.

[22] Pandey, Chao, Voorsluys, et al. Workflow Management System on Clouds and Global Grids[C]. Proc. of IEEE 4th International Conference on e-Science, December 2008. [S. I]：IEEE Computer Society, 323 – 324.

[23] Yu, Buyya. A Novel Architecture for Realizing Grid Workflow Using Tuple Spaces[C]. Proc. of the 5th IEEE/ACM International Workshop on Grid Computing, Pittsburgh, USA, November, 2004. Pittsburgh：IEEE Computer Society, 119 – 128, 2004.

[24] Suraj Pandey, Dileban Karunamoorthy, Kapil Kumar Gupta, Rajkumar Buyya. Megha workflow management system for application workflows[R]. IEEE Science & Engineering Graduate Research Expo 2009. Melbourne, Australia, 2009.

[25] 杨志和, 梁云. 物流联盟企业的云计算公共技术平台的体系结构[J]. 上海电机学院学报, 2009(3)：212 – 215.

[26] 俞华锋. 基于云计算的物流信息平台的构建[J]. 科技信息, 2010(1)：443 – 444.

[27] R. Ranjan, R. Buyya. Deeentralized over lay for Federation of Enterprise Clouds [EB/OL], http://arxiv.org/ftp/arxiv/papers/0811/0811.2563.pdf, 2010.

[28] The Mobile Agent List [EB/OL]. http://mole.informatik.uni-stuttgart.de/mal/preview/Preview.html, 2008.

[29] 李开复. 云计算[J]. 中国教育网络, 2008(6)：34 – 34.

[30] 王文清, 陈凌. CALIS 数字图书馆云服务平台模型[J]. 大学图书馆学报, 2009(4)：13 – 18.

[31] 段征宇, 孙伟, 陈川. 区域中心城市物流信息平台规划研究[J]. 物流技术, 2009, 2：50 – 53.

[32] 徐志宇, 彭嘉臻, 许维胜. 应急物流的分批配送规划及蚁群优化求解[J]. 计算机工程与应用, 2011(24)：1 – 3.

[33] 张泽华. 云计算联盟建模及实现的关键技术[D]. 昆明：云南大学, 2010.

[34] 张强, 熊盛武. 多配送中心粮食物流车辆调度混合蚁群算法[J]. 计算机工程与应用, 2011(7)：4 – 7.

9 面向云工作流的最小成本副本策略

　　数据副本管理是云存储系统的一个重要组成部分,对提高系统的可靠性、高性能具有重要意义。一般而言,云计算环境中数据副本数目越少,其传输成本越大;而副本过多,存储成本随之增加,导致总成本可能上升。从降低数据管理成本的角度,在权衡存储成本与传输成本基础上研究面向最小成本的数据副本管理策略。主要包括:数据管理成本模型,创建副本必要性测试以及近似最小成本的副本布局策略等。以Amazon 云平台数据管理成本模型为例进行实验,结果表明:面向最小成本的副本管理策略在满足用户响应时间等需求的同时,可以有效地降低数据中心的管理成本,推动企业(用户)积极运用云计算平台管理企业数据,促进云计算环境的和谐发展。

　　本章将市场机制中的成本因素引入数据管理中,综合考虑数据管理过程中数据存储、计算、传输等操作及带来的成本开销,从成本控制的角度出发,研究云计算环境下是否需要创建副本、何时何地创建副本等面向最小成本的副本管理策略。

　　本章组织如下:第 9.1 节引入问题,并给出了相关的研究;第 9.2 节定义了相关的概念;第 9.3 节给出了创建副本必要性探讨;第 9.4 节基于斯坦纳图给出一个近似的副本管理算法;第 9.5 节给出了实验与模拟;最后,第 9.6 节为本章小结。

9.1 引言

　　云计算是随着计算、存储以及通信技术的快速发展而出现的一种崭新的商业计算模型,它不同于传统的以个人计算机为中心的本地计算,而是以互联网为中心,通过构建一个或多个由大量(百万级以上)普通机器和网络设备连接构成的数据中心,向上层提供安全、可靠、快速、便捷、透明的数据存储和计算服务[1-3]。数据中心是云计算的基础,企业(用户)按照使用多少空间则支付多少费用(Pay as you go)的原则支付一定的费用,以利用数据中心存储数据并进行相关业务操作;而服务提供商依靠数据中心提供服务而盈利。随着"物联网"、"三网融合"、"智能电网"等应用快速发展,数据量呈现快速增长的趋势;同时,用户对数据存储从访问速度、响应时间等方面提出了更高的要求[4]。副本技术为解决上述问题提供了思路：将数据部署在云计算环境中的多个数据中心上，用户访问时仅需从最近的服务器获得数据，从而可以有效地提高用户访问数据的速度、数据容灾性及可靠性等[5,6]。然而，并不是所有的数据都需要建立副本，比如访问频率较低的数据等；此外，即使创建副本也还需要考虑副本的数量及其存储位置，因为存储位置不同，存储成本会有较大差异，可能会导致总成本上升。因此，如何在确保成本最低的情况下实施最佳的副本策略是亟待研究的问题之一[7]。

GFS[8]的数据块默认有三个副本，存储在多个机架间以提高可用性，但同时会带来操作更新的网络通信问题。HDFS[9]是 Hadoop 分布式计算的存储基础，具有高容错性、高吞吐率等优点，由一个 Namenode 和多个 Datanode 组成，其中的 Namenode 决定了副本相关的所有操作，块的大小和复制个数等。但 GFS 和 HDFS 的副本策略相对简单，考虑的影响因素较少。基于访问频率的副本策略[10]是一种由访问频率作为数据副本增加或删除条件的动态副本管理机制，然而，模型中未曾考虑数据副本数量的范围限制，在特定条件满足时副本的数量得不到控制会降低存储设备的利用率。此外，还有瀑布副本策略[11]、基于安全的副本策略[12]等。上述研究在提高系统可靠性等方面取得了一些成果，然而，并未将成本因素引入到副本管理策略中，忽略了创建副本所带来的数据管理成本耗费。

基于上述原因，本章将市场机制中的成本因素引入数据管理中，综合考虑数据管理过程中数据存储、计算、传输等操作及带来的成本开销，从成本控制的角度研究云计算环境下是否需要创建副本、何时何地创建副本等面向最小成本的副本管理策略。

9.2 云计算环境下数据管理成本模型

数据管理成本是云计算平台服务提供商以及企业（用户）最关心的问题之一[13]。本节将给出云计算环境下与数据管理相关的概念及模型，包括云计算环境、数据中心、数据存储成本模型等。

9.2.1 云计算环境建模

云计算环境由数据中心及相关联的链路组成，实现了虚拟化、动态化、关联性、自动化的服务要求。

定义 1 云计算环境(Cloud Environment)。

云计算环境可以看做一个二元组(DC, B)，其中，DC 是由多个分布在不同位置的数据中心通过传输链路连接组成的集合，$DC=\bigcup_{i=1,2,\cdots,|DC|}\{dc_i\}$，$dc_i$ 是数据中心标识，其描述可参见定义 2；B 是各数据中心间的传输能力表示，用一个矩阵表示为

$$B=\begin{bmatrix} b_{11} & b_{12} & \cdots & b_{1j} & \cdots & b_{1n} \\ b_{21} & b_{22} & \cdots & b_{2j} & \cdots & b_{2n} \\ \vdots & \vdots & \vdots & \vdots & \vdots & \vdots \\ b_{i1} & b_{i2} & \cdots & b_{ij} & \cdots & b_{in} \\ \vdots & \vdots & \vdots & \vdots & \vdots & \vdots \\ b_{n1} & b_{n2} & \cdots & b_{nj} & \cdots & b_{nn} \end{bmatrix}$$

b_{ij}表示数据中心 dc_i 与 dc_j 之间的传输能力。一般来说,网络的传输能力除了连接链路之外,还要受到访问时间等外界因素的影响,为简化起见,本章忽略各数据中心间带宽值的实时波动,将数据中心间的传输能力看做一个静态值。此外,对同一个数据而言,数据中心间的传输能力不同导致传输时间的差异,进而反映了传输过程带来的成本开销。因此,可以将其看做是单位大小数据传输成本的度量。图 9-1 给出了一个具有 7 个数据中心的云计算环境结构,其中,dc_i表示第 i 个数据中心。

○ 数据中心
— 连接链路
👤 用户

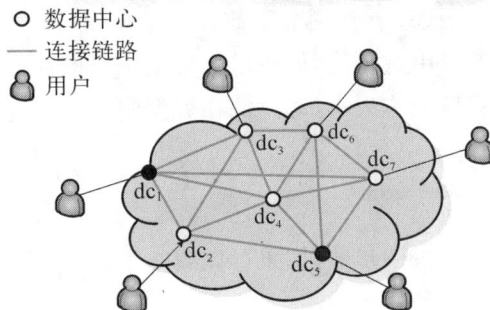

图 9-1　云计算环境结构

在云计算环境下,数据中心是数据存储与计算的场所,数据中心的性能很大程度上决定了云计算环境的性能。

定义 2　数据中心(Data Center)。

云计算环境下,数据中心可以描述为一个四元组形式(dc_i, p_i, s, vs_i),其中:

(1) dc_i是数据中心标识。

(2) p_i是该数据中心上单位大小数据在单位时间内的数据存储成本(称为存储成本率,见定义 4)。

(3) s是数据中心总存储空间大小。

(4) vs_i是数据中心 dc_i 的剩余存储空间。

定义 3　数据(Data)。

在云计算环境下,数据可以描述成四元组形式(d_m, s, p, UF),其中:

(1) d_m是数据标识,在整个云计算环境中具有唯一性。

(2) s是数据 d_m 的大小。

(3) p是其存储位置。

(4) UF 是一段时间 T 内的使用频率,可依据历史访问量统计获得。

9.2.2　云计算环境下数据管理成本模型

在云计算模式下,用户将数据存储在云平台数据中心需要支付一定的费用,比如亚马逊云平台 1G 大小数据每月存储费用为 \$0.15。一般而言,数据中心存储能力愈大,其存储成本率愈低,依照鲍姆尔-沃尔夫(Baumol-Wolf)[14]的观点,数据中心的存储成本率随着存储空间的增大而逐渐变小,这是因为一方面维护数据中心运转需要一些固定成本投入,比如设备、人员等;另一方面存储数据量越大,收益越大,相比而言其存储成本率就越低。为此,给出如下存储成本率模型。

定义 4　存储成本率(Cost Ratio)。

在云计算环境下,数据中心的存储成本率与数据中心的存储能力大小有一定关系,可以表示为如下的形式:$C_i = \dfrac{\mu_i}{2\sqrt{dc_i.s}}$,其中:

(1) C_i是数据中心 dc_i 存储成本率。

(2) $dc_i.s$是数据中心存储空间。

（3）μ_i是调节系数。

由此可见，如果已知数据中心的存储空间、数据大小以及时间 T 即可求得该时间段内的存储成本大小，即存储在数据中心 dc_i 上的数据 d_m 在时间段 T 内的存储成本可以表示为

$$\text{Cost}_{\text{storage}} = C_i \cdot d_m.s \cdot T = \frac{\mu_i}{2\sqrt{dc_i.s}} \cdot d_m.s \cdot T$$

进一步地，如果存储成本率是一个随时间变化的连续函数 σ(t)，其存储成本可以通过如下的公式获得：

$$\text{Cost}'_{\text{storage}} = \int_0^T (\sigma(t) \times d_m.s) dt$$

在云计算环境下，数据传输过程会产生一定的成本开销，该成本与数据大小以及数据中心间的传输能力有关。

定义 5　传输成本（Transfer Cost）。

将数据 d_m 由数据中心 dc_i 经网络传输到 dc_j，其单次传输成本可以描述为：$\text{cost}_{\text{sgl}}(dc_i, dc_j) = \lambda_{ij} \cdot \frac{d_m.s}{b_{ij}} + c_{ij}$，其中：

（1）λ_{ij} 是调节系数。

（2）$d_m.s$ 是数据 d_m 的大小。

（3）b_{ij} 是数据中心 dc_i 与 dc_i 之间的传输能力。

（4）c_{ij} 是每次传输时的固定成本开销，比如传输请求、连接建立、断开连接等的耗费。由于 c_{ij} 相比较前部分值较小，为了简化起见，经常将其忽略。此外，两个数据中心之间单位大小的数据传输成本看做是相等的，即 $\text{cost}_{\text{sgl}}(dc_i, dc_j) = \text{cost}(dc_j, dc_i)$。

在实际应用中，数据中心 dc_i 将数据传输到 dc_j 时可能存在多条传输路径，此时数据 d_m 的传输成本应该是所有路径中传输成本最小的，即 $\text{mstc}_{\text{sgl}}(dc_i, dc_j) = \min(\text{cost}_{\text{sgl}}(dc_i, dc_j),$ $\text{mstc}_{\text{sgl}}(dc_i, dc_k) + \text{mstc}_{\text{sgl}}(dc_k, dc_j))$，其中 min() 是求最小值函数，$dc_k$ 为传输经过的某一中间节点。如果 $dc_i = dc_j$，其传输成本为 0，即 $\text{cost}_{\text{sgl}}(dc_i, dc_i) = 0$。

云计算环境下，一段时期内数据的管理成本包含数据存储成本与传输成本等，给出如下的数据成本模型。

定义 6　数据的管理成本模型（Data Management Cost Model）。

云计算环境下，数据 d_m 在一段时间 T 内的管理成本为 $\text{Cost}_{dm} = \text{Cost}_{\text{storage}} + \text{Cost}_{\text{transfer}}$，其中：

（1）Cost_{d_m} 表示数据 d_m 的管理成本。

（2）$\text{Cost}_{\text{storage}}$ 表示数据 d_m 的存储成本。

（3）$\text{Cost}_{\text{transfer}}$ 表示数据 d_m 的传输成本。

为了能够准确计算出一段时间内数据的管理成本，本章作如下假设：

（1）任务执行前需要将所有的输入数据传输到同一个数据中心上。

（2）数据 d_m 存储在数据中心 dc_i 上。

（3）数据中心 dc_j 上共连接有 $m_j(m_j > 0)$ 个用户；每个用户单位时间内调用数据 d_m 的次数符合参数为 π_j 的泊松分布。由此，在时间 T 内传输次数的期望 N 为

$$N = \sum_{k=0}^{\infty} \left(k \cdot \frac{\lambda^k}{k!} e^{-\lambda} \right) = \lambda \cdot \sum_{k=0}^{\infty} \left(\frac{\lambda^{k-1}}{(k-1)!} e^{-\lambda} \right) = \lambda = m_j \pi_j。$$

因此,数据 d_m 传输到数据中心 d_j 的成本可以通过访问次数与单次传输费用的乘积计算而得;而在时间 T 内总的传输费成本 $Cost_{transfer}$ 是数据 d_m 传输至所有数据中心(除 dc_i)的成本之和,可通过如下公式计算:

$$Cost_{transfer} = \sum_{j=1}^{n} (N \cdot mst_{sgl}(dc_i, dc_j)) = \sum_{j=1}^{n} (m_j \pi_j \times mst_{sgl}(dc_i, dc_j)),$$

其中,n 是数据中心的个数。综上所述,在时间段 T 内数据 d_m 的管理成本为

$$Cost_{d_m} = Cost_{storage} + Cost_{transfer} = \frac{\mu_i}{2\sqrt{dc_i. si}} \cdot d_m. s \cdot T + \sum_{j=1}^{n} (m_j \pi_j \times mst_{sgl}(dc_i, dc_j))。$$

9.3 最小成本的副本创建策略

本节通过比较创建副本前后其成本的变动,给出面向最小成本的副本创建策略,包括创建副本的必要性测试及其存储位置选择等。

9.3.1 带有副本时数据管理成本模型

如果系统中增加数据 d_m 的一个副本,其存储成本增加;同时,由于存在副本,因此在数据调用时可以选择具有较小传输成本的路径,从而传输成本会降低。假设数据 d_m 的副本 d_m' 存储在数据中心 dc_k 上,则在时间 T 内带有一个副本时数据 d_m 的总存储成本 $Cost'_{storage}$ 应为两个数据存储成本之和,即

$$Cost'_{storage} = Cost'_{storage}(dc_i) + Cost'_{storage}(dc_k)$$
$$= \frac{\mu_i}{2\sqrt{dc_i. s}} \cdot d_m. s \cdot T + \frac{\mu_k}{2\sqrt{dc_k. s}} \cdot d_m. s \cdot T$$
$$= \left(\frac{\mu_i}{2\sqrt{dc_i. s}} + \frac{\mu_k}{2\sqrt{dc_k. s}} \right) \cdot d_m. s \cdot T。$$

当数据 d_m 存在副本 d_m' 时,如果有数据传输请求,则传输成本应该从 d_m 与 d_m' 中选择较小的,即单次传输成本为

$$Cost'_{transfer(d_m)} = \min(Cost_{transferdci \to dc_j}, Cost_{transferdck \to dc_j})$$

其中,$Cost_{transferdck \to dc_j}$ 表示从数据中心 dc_k 传到数据中心 dc_j 的成本。由此,带有一个副本的数据在时间段 T 内的管理成本为

$$Cost'_{d_m} = Cost'_{storage} + Cost'_{transfer} = \left(\frac{\mu_i}{2\sqrt{dc_i. s}} + \frac{\mu_k}{2\sqrt{dc_k. s}} \right) \cdot d_m. s \cdot T$$
$$+ \sum_{j=1}^{n} (m_j \pi_j \cdot \min(Cost_{transferdci \to dc_j}, Cost_{transferdck \to dc_j}))。$$

9.3.2　创建副本的必要性测试算法

在云计算环境中,副本的增加一方面会带来传输成本的降低;同时,由于存储成本的增加,也可能导致总成本上升,为此需要验证是否有必要创建副本。创建副本的必要性测试算法的基本思想是:计算副本增加前后数据管理总成本大小,如果总成本降低,则说明创建副本并未增加额外的数据管理成本,同时提升了数据可靠性;同样地,如果总成本增加,就说明副本的增加带来了额外的成本开销。此外,由于各数据中心自身的存贮费率不同,副本的存储位置也会带来存贮成本的差异,为此,需要计算副本在各个数据中心的情况。算法 9-1 给出了创建副本的必要性测试算法。

算法 9-1　创建副本的必要性测试算法。

输入：　d_m; configurations of data centers;

A pair set CSet = $\{<dc_s, C_s>|$ dc_s is identifier of data center; and C_s is cost value$\}$;

输出：　The necessity of creating a replicate;

The replica storage location dc_w if needed

01.　Set CSet = $\varnothing$;

02.　Calculate the storage cost $Cost_{storage}$ based on Definition 4;

03.　Calculate the single cost of transfer data set d_m between each two data centers with direct connection using Definition 5;

04.　Calculate the minimum cost $Cost_{transfer}$ between any two data center using Dijkstra algorithm;

05.　Calculate the total transfer cost $Cost_{transfer}$ of data set d_m

06.　Calculate the sum cost of data set d_m, including storage cost and transfer cost using Definition 6:

$Cost_i = Cost_{sotrage} + Cost_{transfer}$

07.　For each data center dc_j(except data center i)

08.　Begin

09.　　Create a temporary replica and store it on　data center dc_j;

10.　　Calculate the storage cost $Cost_{sotrage\,dcj}$ using Definition 4;

11.　　Modify the minimum transfer cost $Cost_{storagej}$ between any two data center using Definiton 5;

Calculate the sum of cost $Cost_j'$

12.　　$Cost_j' = (Cost_{sotragedci} + Cost_{storagedcj}' + Cost_{tramsfer}')$

13.　　If $Cost_i > Cost_j'$ Then

14.　　　If $(dc_i.vsi>d_m.si)$Then

15.　　　　Set CSet = CSet $\bigcup\{<dc_i, Cost_i'>\}$

16.　　　EndIf

```
17.          EndIf
18.        EndFor
19.      If CSet! = ∅ Then
20.      dcⱼ = min(Costₖ | Costₖ ∈ CSet.Cₛ)
21.      Print "Replica store place" + dcⱼ;
22.    End
```

在算法 9-1 中,临时变量 CSet 为一序偶集合,用于记录不同副本存储在不同位置时的数据中心标识及其管理成本,初始值为空,算法 9-1 最后将比无副本情况下总管理成本低的副本位置输出。

算法 9-1 主要利用了迪杰斯特拉(Dijkstra)算法求两个中心之间的最小成本。由于迪杰斯特拉算法的时间复杂度为 $O(n^2)$,而第 07 行要遍历所有的数据中心,因此,计算全部的副本存储成本的时间复杂度为 $O(n^3)$。

9.4 近似最小成本的副本管理策略

上一节给出了最小成本约束下是否有必要创建副本的测试算法。然而,一旦确定需要创建副本的情况下,创建多少副本,在什么地方存贮这些新增副本以确保数据管理成本最小仍然需要做进一步地研究。

9.4.1 扩展斯坦纳树模型

给定一个数据中心结构,具有成本最小的副本布局问题可以转换为图的形式,转换规则如下:
(1) 数据中心 dc_i 映射为图中的节点 dc_i,所有节点构成集合 V。
(2) 数据中心间的连接链路依据位置不同按照如下规则转换。
① 连接带有副本的数据中心间的链路转换为相应节点间的边,其权值为 0。
② 连接无副本的数据中心间的链路转换为对应节点间的边,其权值为两数据中心间的最短路径。
③ 连接链路一端位于无副本数据中心,另一端位于包含副本的数据中心,将其转换为相应节点间的边,其权值为两数据中心间的最短路径。
(3) 将各数据中心 dc_i 的存储成本转换为节点 v_i 的第一个权值。
(4) 将时间 T 与各数据中心 dc_i 访问频率的乘积(即访问次数)转换为节点 v_i 的第二个权值。
依据上述规则,转换后的结构如图 9-2 所示。
图 9-2 中,实心的节点为带有副本的节点;而空心的节点则表示无副本节

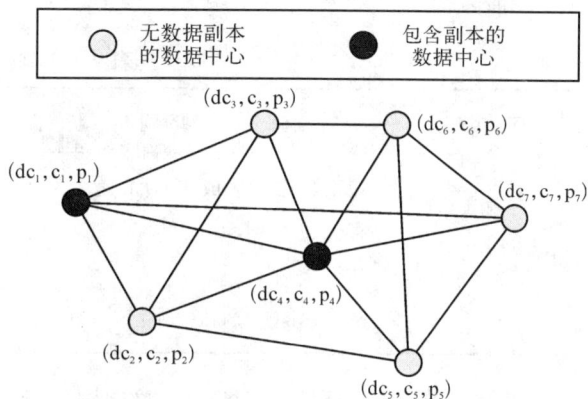

图 9-2 数据中心转换后的结构图

点。节点结构$(dc_x，c_x，p_x)$，分别表示节点标识、存贮费用以及传输次数。由此，问题转换为求连接图中各副本节点构成的最小生成树问题。该问题与斯坦纳树问题相似，但增加了节点的权值约束，称之为扩展的斯坦纳树问题。

定义 7 扩展斯坦纳树（Extended Steiner Tree Problem，ESTP）。

给定一个无向带权连接图 $G=(V，E，w，f_1，f_2)$，其中：

(1) V 是节点的集合。

(2) E 是边的集合；$w：e(v_i，v_j)\rightarrow R^+$ 表示边的权值。

(3) $f_1：v_i\rightarrow R^+$ 是节点第一权值。

(4) $f_2：v_i\rightarrow Z^+$ 是节点第二权值。设 T 是图 G 的生成树，$V_1(T)$ 是树 T 的叶子节点，$V_2(T)$ 是内部节点，$d(T，v)$ 表示树 T 中节点 v 的度数，记为

$$Cost(T)=\sum_{v_i，v_j\in T}w(v_i，v_j)+\sum_{v_i\in V_1(T)}f_1(v_i)+\sum_{v_i\in V_2(T)}d(T，v_i)f_2(v_i)$$

则如何求得最小的 Cost(T) 的问题称为扩展斯坦纳树问题[15-16]。

定理 9-1 ESTP 是 NP-Hard 的。

证明 给定的无向带权连通图 $G(V，E，w，f_1，f_2)$，作如下处理：

(1) $\forall e(v_i，v_j)\in E$，则其权值 $w(v_i，v_j)=1$，即所有边的权值设为 1。

(2) $\forall v\in V$，则其权值 $f_1(v)=1$，即所有节点的 f_1 值为 1。

(3) $\forall v\in V$，则其权值 $f_2(v)=2$，即所有节点的 f_2 值为 2。

假设生成树 T 有 k' 个叶子节点，则内部节点为 $n-k'$，由此，最小成本为 $Cost(T)=(\sum_{v_i，v_j\in T}w(v_i，v_j)+\sum_{v_i\in V_1(T)}f_1(v_i))+\sum_{v_i\in V_2(T)}d(T，v_i)f_2(v_i)=(n-1)+\sum|V_1|+2\sum|V_2|=(n-1)+\sum(|V_1|+|V_2|)+\sum|V_2|=(n-1)+n+(n-k')=3n-k'-1$。

因此，具有 k' 个叶子节点最小生成树的权值小于等于 $3n-k'-1$。所以，最大生成树问题是 NP-Hard 的。

定理 9-2 在云计算环境下，确定成本最小的副本数量以及布局问题是 NP-Hard 的。

依据表 9-1 中的映射规则，可以在多项式时间内将该问题转换为 ESTP 问题。如图9-3所示。

表 9-1 映射规则

序 号	最小成本的副本策略	映射	ESTP
1	单次数据传输成本 $cost_{sgltfs}$	→	$w(v_i，v_j)$
2	存储成本 $Cost_{storage}$	→	$f_1(v_i)$
3	传输次数	→	$f_2(v_i)$
4	$min(Cost_{storage}(dc_p)+\sum Cost_{transfe})$	→	$min(Cost(T))$

可知，对云计算环境下最小成本的副本管理策略，即如何确定副本的数量以及存储位置是 NP-Hard 问题，目前尚无多项式时间算法。

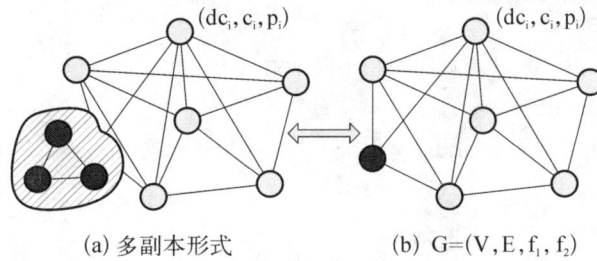

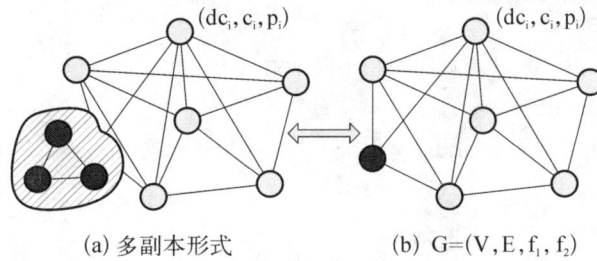

(a) 多副本形式　　　　(b) $G=(V,E,f_1,f_2)$

图 9-3　将多副本问题数据中心转换

9.4.2　近似最小成本的副本近似算法

本节将给出一个云计算环境下具有近似最小成本的副本算法。首先需要将节点的权值分配到边上;然后利用迪杰斯特拉算法求得任意两节点间的最短路径,构建一个完全图。如算法 9-2 所示。

算法 9-2　节点权分配算法。

输入：　Graph $G=(V, E, w, f_1, f_2)$ with edge-weighed and node weighted as (dc_i, c_i, p_i)

输出：　Graph $G'=(V', E', w', f_1', f_2')$ with edge-weighed and node weighted as (dc_i, c_i)

01.　Initialize an edge-weighed graph G'', by setting $V''=V$, and $f_1''=f_1$;

02.　For each $(v_i, v_j) \in E$, do

　　Assign the weight of this edge as

03.　　　$w''(v_i'', v_j'') = w(v_i, v_j) + \max(f_1(v_i)+f_2(v_j), f_2(v_i)+f_1(v_j), f_2(v_i)+f_2(v_j))$;

04.　　End For

05.　　Initialize an edge-weighed graph G', by setting $V'=V''$, and $f_1'=f_1''$;

06.　　For each $v_i \in V'$, do

07.　　Assign the weight of edge from v_i to v_j

　　　　$w''(v_i'', v_j'') = \text{Dijkstra}(v_i, v_j)$;

08.　　Output G'.

迪杰斯特拉的时间复杂度为 $O(n^2)$,由算法 9-2 中第 06 行遍历所有节点可知,算法的时间复杂度为 $O(n^3)$。在算法 9-2 基础上,算法 9-3 给出了一个近似最小成本的副本管理策略。

算法 9-3　近似最小成本副本布局算法(AMCD)。

输入：　Graph $G'=(V', E', w', f_1', f_2')$ with edge-nodes weighted as (dc_i, c_i)

输出：　The nodes for store replica

01.　Generate a minimum-cost spanning tree from G' using Kruskal Algorithm;

02.　v_i = node with maximum degree;

03.　While $\deg(v_i) \geq 2$　do

```
04.        Begin
05.            vᵢ = node with maximum degree;
06.            Print vᵢ;
07.            For vⱼ∈ V and i≠j do
08.                If e(vᵢ, vⱼ)∈E
09.                    Begin
10.                     Delete e(vᵢ, vⱼ);
11.                      If deg(vⱼ) = 0 Delete vⱼ;
12.                    EndIF
13.            Delete vᵢ;
14.            vᵢ = node with maximum degree;
15.        EndWhile
16.    End.
```

算法 9-3 中,函数 $deg(v_i)$ 是求节点 v_i 的度数。该算法要求节点个数大于 2。当节点个数等于 2 时,仅需比较传输费用与存储费用即可得到最优解。由第 02 行,以及第 06 行可知算法 9-3 的时间复杂度为 $O(n^2)$。在下一节将给出该算法的具体例子。

9.5 实验与仿真

本节将给出算法的具体实验与仿真验证,包括创建副本必要性测试以及副本数量与存储位置等。

9.5.1 创建副本必要性测试分析

实验采用图 9-1 所示的云计算环境结构。该云计算平台包含 7 个数据中心,测试数据 d_m 存储在数据中心 dc_1 上,考察的时间范围 T 为 10 小时,每个数据中心访问数据 d_m 的次数服从泊松分布(Poisson Distribution)。数据的存储成本与传输成本参照 Amazon(亚马逊)云平台的成本模型,即为

(1) 存储成本:1G 大小数据每月的存储费用为 \$0.15。

(2) 传输成本:1G 大小数据每经过一次中间转发的传输费用为\$0.1。

各数据中心的配置参数如表 9-2 所示。表 9-3 给出了各数据中心间数据传输需要转发的次数。

表 9-2　各数据中心配置

数 据 中 心	dc_1	dc_2	dc_3	dc_4	dc_5	dc_6	dc_7
data center size (TB)	60	80	40	80	40	60	100
μ_k	1	1	1	1	1	1	1
User numbers m_i (10 000)	1	0.6	0.8	1.1	0.6	0.7	1
Access frequency π(1/1 000)	2	3	3	5	4	6	4

表 9-3　数据中心间传输转发次数

序　号	dc_1	dc_2	dc_3	dc_4	dc_5	dc_6	dc_7
dc_1		2	4	3			5
dc_2	2		3	5	2		
dc_3	4	3			4		4
dc_4	3	5	4		2		4	5
dc_5		2		2		3	5
dc_6			4	4	3		5
dc_7	5			5	5	5	

利用 9.2 节定义 4 可以求得数据 d_m 在数据中心 dc_1 上 T 时间内存储成本为

$$\text{Cost}_{\text{storage}} = c_i \cdot T \cdot d_m.s = \frac{1}{2 \times \sqrt{60}} \times 10 \times 2 = 1.2910。$$

利用 9.2 节定义 5 可以求得由数据中心 dc_1 传输到其他各数据中心时的传输成本,如表 9-4 所示。

表 9-4　由数据中心 dc_1 传输到其他数据中心的传输成本

数据中心	dc_2	dc_3	dc_4	dc_5	dc_6	dc_7	Total Cost
传输成本 T	0.36	0.96	1.65	0.96	2.94	3.2	10.07

由此,在无副本情况下数据 d_m 的总管理成本为

$$\text{Cost}_{\text{total}} = \text{Cost}_{\text{store}} + \text{Cost}_{\text{transfer}} = 1.2910 + 10.07 = 11.3610。$$

一旦创建副本 d'_m,其存储成本会由于存储副本而增加;同时,其传输成本则由于可以选择较低成本的传输路径而降低。表 9-5 给出了数据 d_m 在各数据中心的存储成本。表 9-6 给出了带有副本 d'_m 时各数据中心的传输成本。

表 9-5　各数据中心的存储成本

数据中心	存　储　于		总存储成本
	dc_1	其　他	
dc_1	1.2910	0	1.2910
dc_2	1.2910	1.1180	2.4090
dc_3	1.2910	1.5811	2.8721
dc_4	1.2910	1.1180	2.4090
dc_5	1.2910	1.5811	2.8721
dc_6	1.2910	1.2910	2.5820
dc_7	1.2910	1.0000	2.2910

表 9-6　带副本 d'_m 时各数据中心的传输成本

副本位置	dc_1	dc_2	dc_3	dc_4	dc_5	dc_6	dc_7	传输成本
dc_1	0	0.36	0.96	1.65	0.96	2.94	3.2	10.07
dc_2	0	0	0.72	1.65	0.48	2.1	2	6.95
dc_3	0	0.36	0	1.65	0.96	1.68	2	6.65
dc_4	0	0.36	0.96	0	0.48	1.68	2	5.48
dc_5	0	0.36	0.96	1.1	0	1.26	2	5.68
dc_6	0	0.36	0.96	1.65	0.72	0	2	5.69
dc_7	0	0.36	0.96	1.65	0.96	2.1	0	6.03

表 9-7 给出了在不同位置创建副本后总的数据管理成本。可知,在数据中心 dc_4 创建副本后其总成本最低,比无副本时降低 3.472 0。因此,在当前的云计算环境下有必要为数据 d_m 创建副本,其存储位置为 dc_4。

表 9-7　创建副本后的数据管理成本

副本位置	传输成本	存储成本	总成本
dc_1	10.07	1.291 0	11.361 0
dc_2	6.95	2.409 0	9.359 0
dc_3	6.65	2.872 1	9.522 1
dc_4	5.48	2.409 0	7.889 0
dc_5	5.68	2.872 1	8.552 1
dc_6	5.69	2.582 0	8.272 0
dc_7	6.03	2.291 0	8.321 0

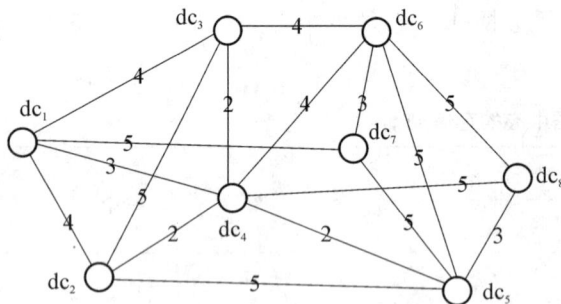

图 9-4　算法 9-3 实例结构图

9.5.2　最小成本的副本数量与存储位置分析

在本节给出算法 9-3 的一个简单实例。结构如图 9-4 所示,包含 8 个数据中心,连线上的数字是数据中心间的最少转发次数。

算法包含以下步骤,如图 9-5 所示。

(1) 利用克鲁斯卡尔(Kruskal)算法构建最小生成树,如图 9-5(a)所示。

(2) 选取度最大的节点,如图 9-5(b)中的 dc_4,删除其邻接边;如果仍然存在度数大于 2 的节点[如图 9-5(c)中的 dc_4],则继续删除其邻接边,直到所有节点度数小于 2 位置。

(3) 找到的删除过的最大度数节点顺序即为存放副本的位置,即{dc_4,dc_6,dc_8},如图 9-5(d)所示。

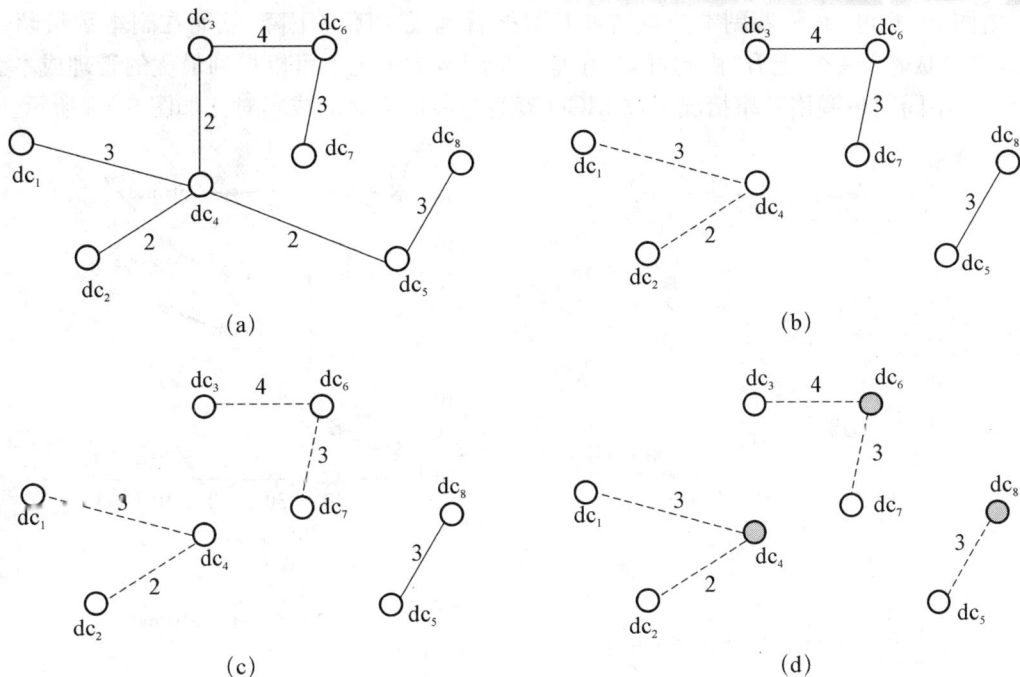

图 9-5　AMCD 算法实例

9.5.3　仿真

SwinDeW-C[17]是澳大利亚斯文本科技大学信息与通信学院在 SwinDeW 和 SwinDeW-G 基础上开发的云计算仿真环境。目前包含 10 个服务器和 10 个终端,其上安装了 VMWare (http：//ww. vmware. com)用于数据存储服务。在服务器上部署了 Hadoop (http：//hadoop. apache. org)用于 MapReduce 系统开发与数据管理。仿真结果主要与最小成本的副本策略进行比较。

(1) 不同数目的副本在数据管理成本、存储成本以及传输成本存在联系。图 9-6 给出了三者之间的关系。

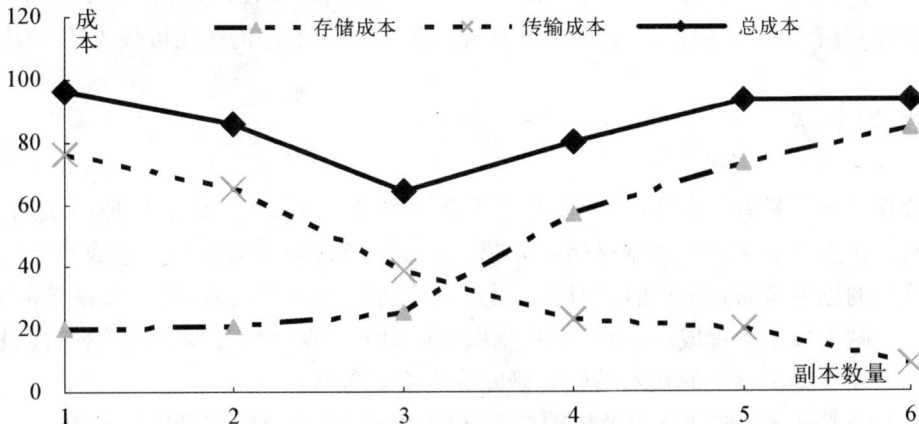

图 9-6　时间 T 内数据管理成本对比

由图 9-6 可知,随着副本数量增加其数据管理成本随之下降,然而在副本数量超过 3 之后,其总成本又开始上升,由此可知,在有三个副本的情况下可以得到最优的管理成本。

(2) 不同用户调用频率情况下,AMCD 策略与最优策略的成本对比如图 9-7 所示。

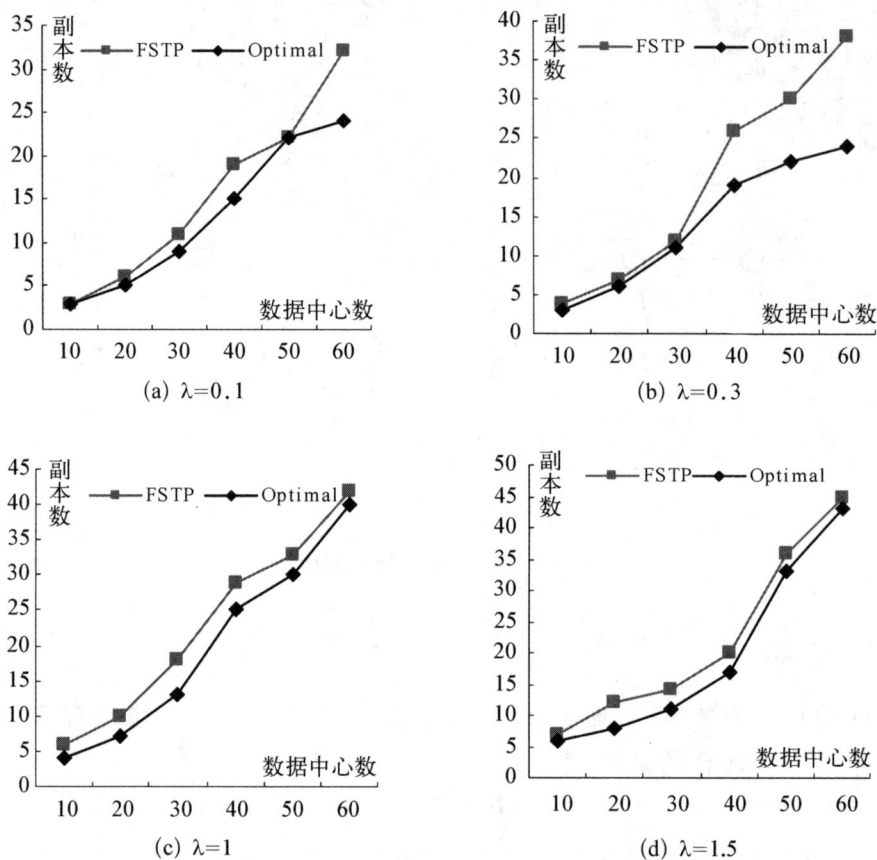

(a) λ=0.1

(b) λ=0.3

(c) λ=1

(d) λ=1.5

图 9-7　不同数据调用频率下 AMCD 成本与最小成本比较

由图 9-7 可知,在不同的数据调用频率下,AMCD 策略得到的数据管理成本与最小的数据成本相比,在较低的调用频率时,两者相差不大,如图 9-7(a)与图 9-7(b);随着调用频率的增加,两者有一定的偏差,如图 9-7(c)与图 9-7(d),不过仍然在可接受的范围内。

9.6　本章小结

云计算环境下具有可靠性、稳定性和可扩展性的云存储技术可以有效地解决用户、企业等网络数据快速增加带来的数据存储等问题。从如何有效地降低数据管理成本上的角度研究数据管理的副本策略,一方面可以降低用户响应时间与网络负载,提高数据访问效率;另一方面可以减少数据管理成本,为中小企业积极运用云计算平台管理企业数据,促进云计算环境的和谐发展提供重要的技术基础。研究成果主要包括:

(1) 提出了包含存储成本以及传输成本在内的面向单一数据的管理成本模型。

(2) 从成本控制角度提出数据副本创建机制。

（3）基于扩展斯坦纳树提出了成本近似最小的副本管理策略。

下一步的研究工作包括：

（1）如何能对数据调用频率作出预先的判断，在此基础上决定创建副本或者删除副本的动态策略研究。

（2）副本策略可以与冗余数据（De-duplication）删除技术结合，在创建副本时尽量少的增加数据的存储，从而更加高效地降低数据管理成本。

参考文献

［1］王意洁,孙伟东,周松,裴晓强,李小勇. 云计算环境下的分布存储关键技术[J]. 软件学报,2012, 23(4)：926-986.

［2］张亚勤. 未来计算在"云-端",http：//blog. sina. com. cn/s/blog_596ccc870100aps1. html.

［3］B. Furht, A. Escalante, Handbook of Cloud Computing[M]. ISBN 978-1-4419-6523-3, Springer Science Business Media, LLC 2010.

［4］Wang L, Luo J, Shen J, et al. Cost and time aware ant colony algorithm for data replica in alpha magnetic spectrometer experiment[C]//Big Data（BigData Congress）, 2013 IEEE International Congress on. IEEE, 2013：247-254.

［5］Dong F, Luo J, Song A, et al. An effective data aggregation based adaptive long term CPU load prediction mechanism on computational grid[J]. Future Generation Computer Systems, 2012, 28(7)：1030-1044.

［6］Moore R, Prince TA, Ellisman M. Data-Intensive computing and digital libraries[J]. Communications of the ACM, 1998,41(11)：56-62. [doi：10. 1145/287831. 287840]

［7］Bell W H, Cameron D G, Carvajal-Schiaffino R, et al. Evaluation of an economy-based file replication strategy for a data grid[C]//Cluster Computing and the Grid, 2003. Proceedings CCGrid 2003 3rd IEEE/ACM International Symposium on. IEEE, 2003：661-668.

［8］Ghemawat S, Gobioff H, Leung S T. The Google file system[J]. ACM SIGOPS Operating Systems Review. ACM, 37(5)(2003)：29-43.

［9］Shvachko K, Kuang H, Radia S, et al. The hadoop distributed file system, Mass storage systems and technologies（MSST）[C]. 2010 IEEE 26th Symposium on. IEEE(2010)：1-10.

［10］侯孟书,王晓斌,卢显良等. 一种新的动态副本管理机制[J].计算机科学,2006,33(9)：50-51.

［11］Ranganathanand K, Foster L. Identifying dynamic replication strategies for a high performance data grid[C], Proceeding of the Second International workshop on Grid Computing,Denver,November, 2003：75-86.

［12］李静,陈蜀宇,吴长泽. 一种基于安全的网格数据副本策略模型[J].计算机应用,2006,26(10)：2282-2284.

［13］Dong Yuan, Yun Yang, Xiao Liu, Wenhao Li, Lizhen Cui, Meng Xu, Jijun Chen. A highly practical approach toward achieving minimum data sets storage cost in the cloud[J]. IEEE Transactions on Parallel and Distributed Systems. 2013,24(6)：1234-1244.

［14］Shao-zhong S, Fan-Sen K, Li-fang W. Application of Baumol-Wolfe method on planning location selecting of automotive components manufacturing distribution center, Transportation, mechanical, and electrical engineering（TMEE）[C]. 2011 International Conference on. IEEE(2011)：132-136.

［15］Winter P. Steiner problem in networks：a survey[J]. Networks, 1987,17(2)：129-167.

［16］李镇坚,朱洪. 一种点边带权最小生成树的近似算法[J].计算机应用与软件,2008,25(1)：12-13.

［17］Yang Y, Liu K, Chen J, et al. An algorithm in SwinDeW-C for scheduling transaction-intensive cost-constrained cloud workflows[C]. IEEE Fourth International Conference on e-Science IEEE, 2008：374-375.

10 云科学工作流中面向最小成本的数据存储策略

云科学工作流是在工作流基础上发展起来的,是工作流技术在科学研究领域的应用。随着数据量的不断增长,特别是以 TB 甚至是 PB 为单位的大数据频繁出现,如何以低成本模式存储数据,是云计算服务提供商亟待解决的问题之一。在权衡存储成本与计算成本基础上确定数据的存储与放置;以进一步推广企业特别是中小企业积极运用云计算平台管理企业数据,促进云计算环境的和谐发展。

本章组织如下:第 10.1 节给出了云科学工作流研究的必要性以及意义;第 10.2 节探讨了科学工作流与云科学工作流的定义、结构等,并给出了云科学工作流 SwinDeW-C 的体系结构与数据管理部件;第 10.3 节研究了云科学工作流中数据存储成本模型;第 10.4 节则给出了最小开销的数据存储策略;最后,总结本章。

10.1 引言

随着信息技术的发展,在科学计算、商业计算等众多应用领域中产生了规模庞大的数据,而且数据量以海量形式在快速增加。云计算技术的出现提供了信息共享方法,可以通过虚拟化技术将物理上分布在不同地理位置的计算资源和存储资源虚拟成一个资源池,用户按照按需支付的方法使用资源,从而提高了资源的利用率,通过这种方式云计算平台可以提供高可靠性、高可利用率的计算资源和海量存储资源。

随着云计算技术研究的深入与技术的不断成熟,其高效、灵活、可定制的特点为科学工作流运行提供了新的思路。由此,面向云计算的科学工作流也随着云计算研究的深入和应用的发展而得到了许多研究者的重视。

科学工作流是在工作流基础上发展起来的,是工作流技术在科学研究领域的应用。因此,科学工作流和传统的事务工作流之间存在许多相似的功能;同时,由于科学工作流强调科学求解过程的特殊环境和独特需求,科学工作流与传统的事务工作流在许多方面存在着不同。

虽然云计算技术为科学工作流的执行带来了无限的潜力,但同时数据密集型的科学工作流也给云计算的研究带来了新的挑战。科学工作流的数据密集性体现在需要访问 TB 级甚至 PB 级的数据,以及生成更多的包括中间数据和最终结果在内的派生数据。随着技术的进步,新的、更加先进的设备不仅大大提高了数据的精度,同时也以更快的频率捕获数据,进而导致单个数据的规模变得极为庞大,数据总量是几何级数增长。不断增长的计算能力带来了规模越来越庞大的计算机模拟,同样也会产生大量的数据。除此之外,科学数据还具有多样性的特征,例如不同的大小和文件格式。尽管在云计算中开展科学工作流的研究已经展开并且成为新的热点,但是云计算科学工作流数据存储还面临着很多关键问题尚未解决。

10.2　云科学工作流

10.2.1　科学工作流

随着网格技术的发展,科学家们为了利用分布式资源处理大规模的数据,构建和设计了复杂的网格应用。这时,需要用特定的规则去定义和约束这些网格应用的流程,即科学工作流。

10.2.1.1　科学工作流的定义

科学工作流是随着计算环境的不断演化发展而来的,当前在国际学术界和产业界有关科学工作流的统一定义尚未给出,不同的研究者从不同的角度给出了科学工作流的定义,包括:

M. P. Singh 等[1]从求解科学问题的角度认为:"科学工作流是描述求解科学问题中的一系列结构化活动和计算过程。"

E. Deelman 等[2]从数据计算的角度将科学工作流定义为"根据一系列规则在选定的数据上进行特定计算的过程"。该定义强调了科学工作流面向数据的特征,指出了科学工作流是一个在选定数据上进行数据处理的过程。

B. Ludascher 等[3]将科学工作流定义为"是完成一个科学目标的过程的形式化描述,过程表示了计算任务及任务间依赖关系"。计算任务包括科学数据的获取、集成、归约、分析、可视化和发布等。

文元桥[4]借鉴国际工作流联盟工作流的定义,从科学工作流的应用领域角度将其定义为"求解一个科学问题的自动或者半自动的求解过程的计算机实现"。在这个过程中,定义了完成整个过程所需的各种参数,这些参数包括对过程中每一个步骤的定义,步骤间的执行顺序、条件以及数据流的建立、实现每个步骤所需的应用程序等。该定义并没有强调科学工作流的面向数据特征。

在借鉴前人已有工作的基础上,我们给出如下的科学工作流定义:

科学工作流(Scientific Workflow,SWF):利用事务工作流方法求解一个科学问题(特别是数据密集型科学问题)的自动化或者半自动化过程。该过程通常包括科学数据的收集、预处理、传输、分析、模拟以及可视化等操作。

10.2.1.2　科学工作流的特点

科学工作流与传统的事务工作流(Business,Workflow BWF)相比,具有如下特点[5,6]:

(1) 科学工作流采用数据驱动(Data Driven);事务工作流采用命令驱动(Command

Driven)。具体来说,科学工作流(SWF)依赖于科学实验数据;在数据处理过程中,前一级的数据输出是后一级的数据输入。而事务工作流(BWF)以业务为导向;工作流中的某个任务在满足一定的控制条件才会被触发执行。

(2) 科学工作流的定义和设计均为动态的;而事务工作流是静态的。具体来说,科学工作流在设计过程中,整个任务序列是未知或者不确定的,需要依据前一个任务的处理结果才能确定下一个处理任务,或者需要随时动态调整某几个处理任务来尽可能满足研究需求;同时,科学工作流是可重用的、可不断完善与重现的。而事务工作流是由工程师用专业软件创建的,创建的工作流一旦使用就不会轻易改变。

(3) 科学工作流处理的数据量大、数据类型更为复杂。具体来说,科学工作流中数据类型复杂、自由,比如在天文研究中的数据格式包含 FITS,VOTable,二进制文件等。相比较而言,事务工作流的数据类型简单,其数据量可预知,比如针对企业用户,业务数据的格式包含 Word,PDF,Excel 以及电子表单等。

(4) 科学工作流更强调数据的可信度;而事务工作流重点在“事务”的执行。具体来说,科学工作流对每一步处理过程的可信度存在较高的要求,对全程数据的变化过程需要进行监控;而事务工作流以一个整体的长时间运行的商业事务方式运行,在此过程中如果某个子任务执行出错,可实现回退。

科学工作流的科学数据处理流程一般包括:源数据获取,数据输入,数据预处理,数据运算,数据分析与数据挖掘,结果输出等流程。如图 10-1 所示。

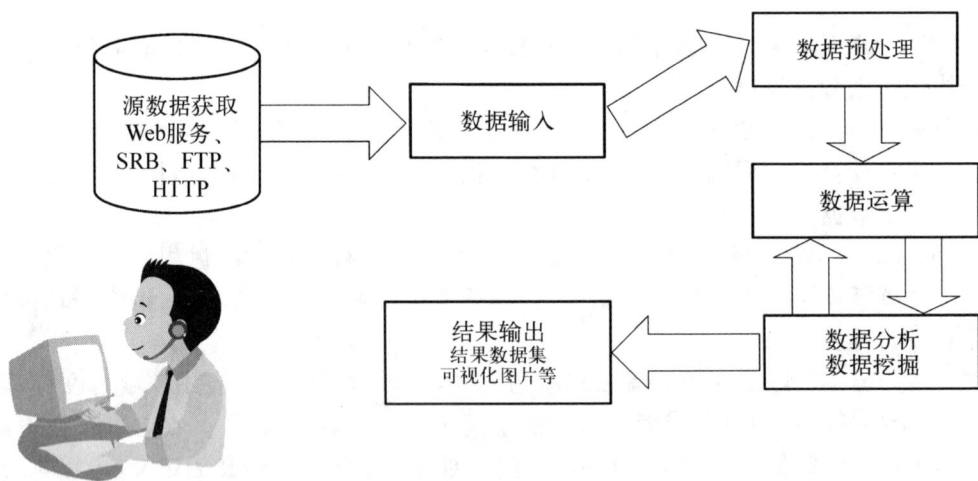

图 10-1 科学工作流的科学数据处理流程

10.2.1.3 科学工作流的最新研究

近年来,科学工作流研究有了新的发展,在新体系结构的研究以及系统的互操作方面取得了一系列成果;在不同的应用背景的推动下,通过对已有系统改造出现了不少新的系统。

在国内,一些大学及研究所也开始展开对科学工作流系统的研究,比如武汉大学软件工程国家重点实验室、南京大学计算机软件新技术国家重点实验室等[7]。

国际上,以 Kepler 为基础的许多新系统纷纷出现,它们利用其具有通用性与易改造的特点进行二次开发,比如 NCAR 通过对 Kelper 的功能进行了继承和扩展,添加了一些新的组件为 CCSM(Community Climate System Model)开发的工作流系统[8]。解决了用户在远程计算资源上进行作业提交时,第三方支持软件以及系统环境变量的自动集成过程,也解决了在不同系统层面上收集来源信息的问题,目前该系统已经应用在 TeraGrid 上管理 CCSM 的执行过程。此外,微软工作组的 Barga 等人提出的 Trident[9]致力于减少高性能计算资源上运行大规模计算流程的复杂性,目前该系统已经作为一个开源平台应用于 e-Scicence 项目研究,并与 Pan SARRS 等项目进行了合作。

如何将多个具有各自特点的科学工作流融合也是一个新的研究热点。Tan 等[10]利用 Taverna 具有面向数据的特点以及 BPEL 丰富的控制结构,开发了一个科学工作流管理系统,具有较强的可靠性和可扩展性,这对于具有长期运行特点的计算集成实验过程是非常重要的。

caCrid 将 BPEL 和 Taverna 集成,充分利用两者的优点,对实验流程进行简单直观设计,能将实验流程转换为标准的 BEEL 模型,并提交给 BPEL 引擎执行。Mandal 等人将 Kepler 和 Pegasus 集成,使用户能在 Kepler 的图形用户环境中生成 Peagasus 类型的抽象工作流,而由 Pegasus 实现系统的调度过程[11]。

10.2.2 云科学工作流

科学工作流(Scientific Workflow)将一系列在科学研究中所遇到的数据管理、计算、分析、展现等工作变成一个个独立的服务,再把这些服务通过数据链接组合在一起,满足研究人员在科学实验和数据处理中的需要,从而实现相应的处理与科学计算。相比较业务工作流而言,科学工作流具有面向数据、动态适应、大规模性等特点,作为一种辅助科学家进行科学实验的手段,科学工作流已经成为复杂科学计算流程管理的必要手段,有效推动了科研进展。

随着问题求解规模的增大,当今大型科学工作流通常需要在复杂的分布式计算机系统上执行,例如超级计算机、分布式集群系统以及网格系统等。然而,构造这样的系统往往需要付出异常昂贵的代价,申请访问这些系统也需要复杂耗时的过程。云计算技术提供共享基础架构的方法,它通过虚拟技术将分布在不同地理位置的计算资源和存储资源虚拟成一个资源池,用户需要使用时申请资源,使用完成后释放资源,从而使得资源可以重复利用. 通过这种方式,云计算中心可以提供高性能的计算资源和海量的存储资源,而且成本低廉,使用简单。

云科学工作流(Cloud Scientific Workflow)是利用云计算平台提供的各种资源与服务,实现任务的处理与各种科学计算;同时,云科学工作流系统可以为不同地域的研究学者提供协作平台。在云计算环境下部署和执行科学工作流应用,一方面能够节约大量成本,另一方面也为遍布 Internet 的科研人员实现资源共享与合作研究,提供了一个良好的契机。

然而,由于云平台是一种商业模型,需要计算收益和支出。部署和执行科学工作流应用,不仅对计算资源有较高要求,同时也需要大量的存储空间。由于科学工作流所处理的数据量相当大,都是以 TB 或 PB 为单位的数据,相对于巨大的应用数据量而言,数据中心间的网络传输带宽有限,而频繁的跨数据中心数据传输意味着不可忽视的时间开销;另一方面,在隶属于不同服务提供商的云数据中心间进行数据传输往往将导致运行成本的增加。因此,如何通过对海量应用数据进行合理布局,从而降低应用执行过程中的跨数据中心数据传输,成为在云计算环境下部署执行科学工作流应用的关键问题。

一直以来,数据密集型工作流由于需要进行大规模的数据处理运行周期较长,其中数据的布局以及存储等问题一直是研究的热点和难点问题之一。

对科学工作流和云计算进行深入分析后,本节总结了基于云计算环境执行科学工作流的几个优势:

(1)科学工作流在云平台上的执行,不仅利用了云计算服务的资源优势,而且克服了地域的限制。

(2)云计算以数据为中心的资源调度模式和科学工作流的数据驱动模式相匹配。相比网格计算,云计算在资源调度模式上是以数据为中心的,而科学工作流采用的是数据驱动模式,即科学工作流趋向于建立一个以数据流为导向的可执行模型,在数据处理过程中,前一级的数据输出成为后一级数据输入。

(3)云计算的动态资源调度与科学工作流的动态执行相匹配。科学工作流执行所需的资源可以由云计算平台弹性提供,即用户可以定制科学工作流执行所需要的资源,当资源不足时,可以通过追加申请增加资源量;当资源过剩时,可以释放多余的资源,以节省费用。而科学工作流执行中整个任务序列是不确定的或者完全不可知的,需要依据其中某些或个别任务的处理结果才能确定下一个需要处理的任务,或者在执行过程中根据要求对任务进行调度以满足科学研究的需求。所以,许多科学工作流的实际执行时间和所需资源可能难以确定,而可定制的计算平台则可以根据实际需要进行动态伸缩,减少资源浪费,节省硬件开销。

(4)云计算平台可以以低廉的费用,较高的性能,为科学工作流执行提供所需要的高性能计算资源和海量存储资源。

(5)云计算"以用户为中心"的服务模式,界面友好,操作简单,会提高用户的使用满意程度,提高了云计算的普及速度。

综合以上种种优点,在云计算平台上运行科学工作流是可行的,所以未来将会有更多的目光投向这个研究方向,在云计算平台进行科学工作流的研究是一种潜在的发展方向和趋势。

10.2.3　SwinDeW-C 科学工作流管理系统

云计算作为一种新兴的互联网计算范型尚处于发展阶段,而云科学工作流是 e-Science 领域的典型应用模式,目前成熟的软件系统不多,本节以 SweinDeW-C 为例介绍科学云工作流系统的结构。

10.2.3.1　SwinDeW-C 简介

SwinDeW-C(Swinburne Decentralised Workflow for Cloud)[12] 是在 SwinDeW[13] 和 SwinDeW-G[14] 基础之上发展起来的。目前该科学工作流管理系统在 Swinburne 科技大学上成功运行,它的运行环境包括 10 个服务器和 10 台高档 PC 机。SwinDeW-C 是被设计用来进行大规模云计算应用。

10.2.3.2　SwinDeW-C 体系结构

云计算平台体系结构包括应用层、平台层和基础设施层三个部分,如果将基础设施层分为虚拟机器层和物理机器层,则云计算平台可以看做为四个部分。SwinDeW-C 运行在云计

算平台上,则其体系结构则对应关系如图
10-2 所示。

SwinDeW-C 部署在平台层,它从应用
层接收用户提交和任务和相关数据,然后
根据一定的数据调度策略以及任务调度策
略,在平台层通过 P2P 协议将数据和任务
分别传送到合适的节点执行,每一个节点
都是由虚拟机器层提供的虚拟机器,而物
理机器层则提供给虚拟机器层所需要的硬
件资源。

通过电脑、移动手机、PDA 等电子终
端,用户可以很轻松地对 SwinDeW-C 进行
网络访问,SwinDeW-C 用户则可以在每一

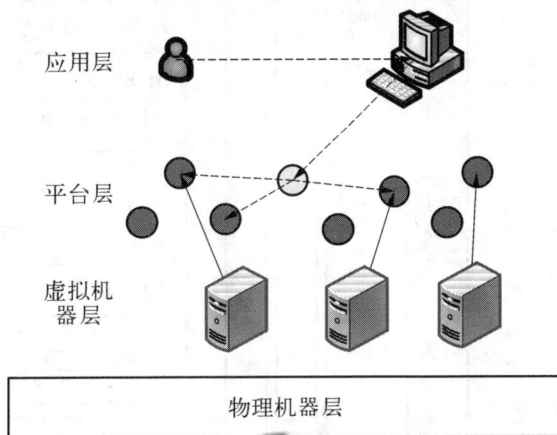

图 10-2   SwinDeW-C 体系结构

个节点提交作业和任务。在科学工作流建立阶段,通过应用层提供的网络入口,用户首先定
义科学工作流执行的中用到的相关定义,包括任务定义,数据结构和 QoS 限制等,然后提交
用户需要完成的任务和相关的数据,这里任务和数据可以提交到系统平台层上的任何一个
节点。SwinDeW-C 是把工作流部署到虚拟的机器上,而不是实际的物理机器。

在运行阶段,用户提交的任务和数据可以被提交到任何一个节点,之后科学工作流数
据将会通过点对点传输的方式分配到合适的执行节点,科学工作流的任务会通过任务调
度模块分配到最合适的节点执行。在科学工作流执行之前,一个协助节点会检查用户定
制的科学工作流执行环境在当前状态下是否能够满足,如果用户的要求超出了云环境
的能力,则任务会将该信息反馈回用户,否则科学工作流实例将会在云环境下进行初
始化。

在科学工作流执行的时候,每一个任务都要到一个对应的节点执行。在云环境下,混合
组织的物理资源被虚拟化为整齐的资源池,进而可以运行虚拟的、拥有统一网络编址的虚拟
机,这些虚拟机可以根据科学工作流的要求完成任务。

10.2.3.3   单个节点的组成结构

由于 SwinDeW-C 是网格工作流管理系统 SwinDeW-G 进行改进后的产生的,所以这里
首先对 SwinDeW-G 进行分析。SwinDew-G 单个节点的组成如图 10-3 所示[14]。

在 SwinDeW-G 中,节点和节点之间通过 JXTA[15]通信,JXTA 是一个点对点的通信
平台。

(1) 任务管理部件管理整个科学工作流中的任务。它有两个作用,一是向流管理部件
提供充分的信息进行调度,同时把接收到的任务存储到任务的队列库中;二是该部件在合适
的时机,决定任务的启动、执行和结束。流管理部件和其他部件进行交互,它有以下几个功
能:① 接收科学工作流的定义并启动相应的实例;② 从其他节点接收任务并将这些任务重
新分发给别的节点;③ 决定任务在本节点执行还是重新分发给别的节点执行,这个判断是
根据本节点和其他相邻节点的容量和负载情况决定的;④ 要确保数据相关和控制相关在存
储库中保持不变。

(2) 组管理器是节点和 JXTA 的一个交互接口。在 JXTA 中,所有的通信都由节点组

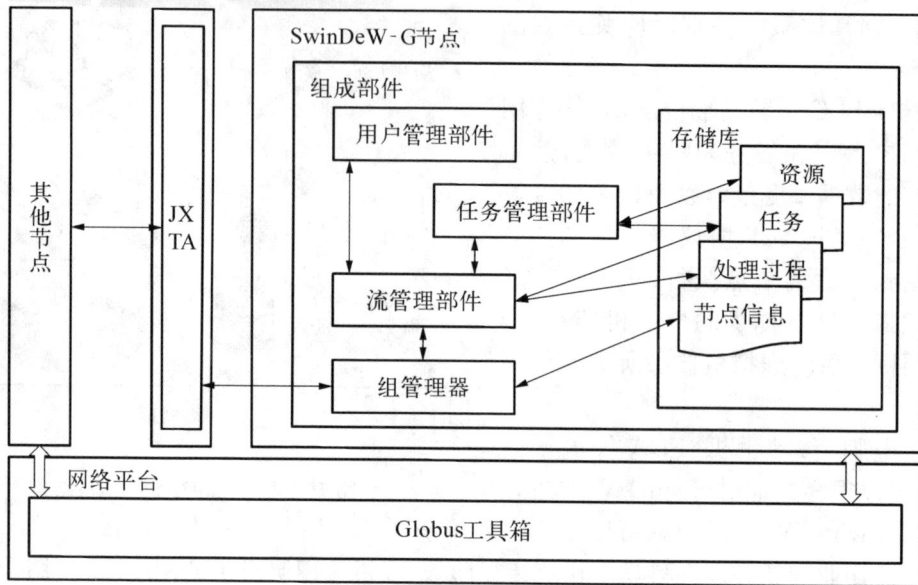

图 10 - 3 SwinDeW-G 单个节点的组成结构

(Peer Group)控制,而节点组是由组管理器来维持的。节点组和节点组内包含的节点的相关信息全部都在存储库中存放。

(3)用户管理部件是科学工作流环境和其对应用户交互的接口。在 SwinDeW-G 中,当科学工作流实例执行发生异常时,用户可以通过它和工作流进行交互。

(4)Globus 工具箱提供 SwinDeW-G 执行所需要的网格平台。

SwinDeW-C 是在 SwinDeW-G 的基础之上发展起来的,其节点组成结构如图 10 - 4 所示[16]。

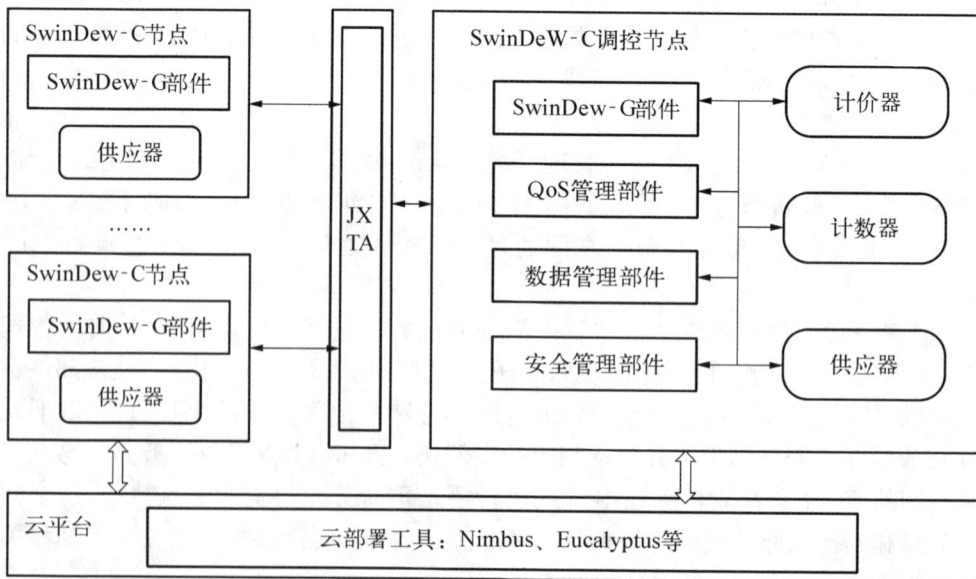

图 10 - 4 SwinDeW-C 单个节点的组成结构

SwinDeW-C 继承使用了 SwinDeW-G 的许多部件,包括任务管理部件、流管理部件、存储库和组管理器,各部件的功能描述如下。

(1) SwinDeW-G 部件。SwinDeW-G 部件是 SwinDeW-C 的核心。SwinDeW-G 提供了节点之间科学工作流执行所需的主要部件和 P2P 通信所需的基本组成部件。SwinDeW-C 节点分为普通节点和调控节点(Coordinator Peer),两种调控节点部署在云环境的服务节点上。调控节点增加了 QoS 管理部件、数据管理部件和安全管理部件。由于不同的云服务商有着各自的收费标准,所以在调控节点中还增设了计价器计数器,用来计算费用以选择更好的服务商。

(2) QoS 管理部件。QoS 管理部件是为了满足用户的 QoS 要求,它主要完成三个任务:设置 QoS 约束,监视科学工作流执行过程中违反 QoS 约束的行为,处理违反 QoS 约束的行为。

(3) 安全管理部件。安全管理部件是为了保障 SwinDeW-C 可靠安全的执行而设计的,它主要包括以下几个模块:可信管理模块,用户管理模块和管理系统加密。

(4) 数据管理部件。数据管理是 SwinDeW-C 数据管理的核心部分,是重点内容,将在下一小节进行详细介绍。

由于 SwinDeW-C 运行在云计算平台上,且云计算平台是由一系列的标准资源池组成的,所以每一个节点都可以弹性地对计算资源和存储资源进行追加或减少。标准资源池由云服务商提供,每一个节点都有一个供应器(Provisoning),可以动态地申请和释放云计算平台中的资源。

10.2.3.4　SwinDeW-C 的数据管理部件

数据管理部件是 SwinDeW-C 数据管理的核心部分,它主要包括数据放置模块(Data Placement)、数据冗余模块(Data Replication)和数据存储模块(Data Storage)三个部分。如图 10-5 所示。

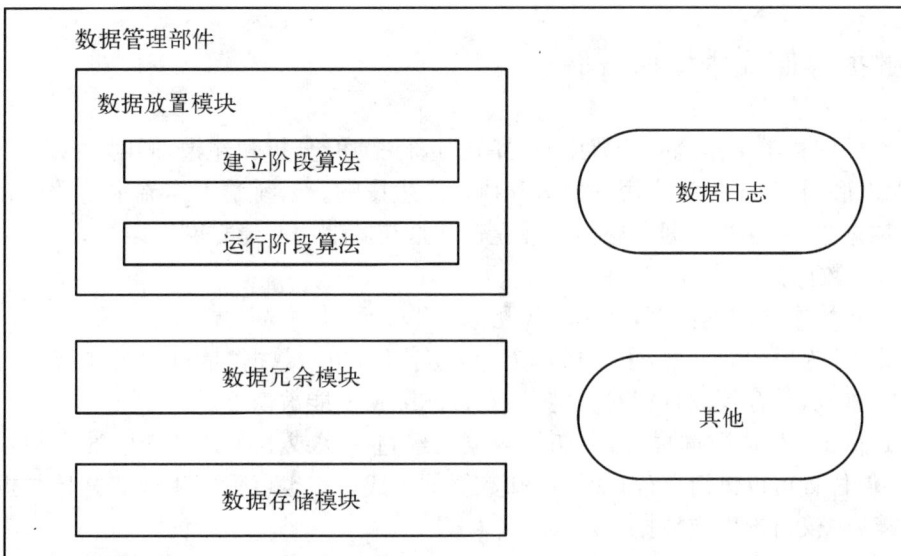

图 10-5　SwinDeW-C 的数据管理部件

各模块的功能描述如下：

（1）数据放置模块。由于在云计算平台中,底层的基础设施对用户来讲是透明的,所以 SwinDeW-C 系统决定用户应用数据的存储位置。SwinDeW-C 采用文献[17]的数据放置策略,可以有效地减少科学工作流执行过程中的数据移动次数,提高科学工作流的执行效率。该数据放置策略分为建立阶段算法和运行阶段算法。建立阶段建立相关度矩阵,并通过特定算法将其变换为聚类矩阵,最后将数据分为 K 个部分,放在 K 个数据中心;运行阶段将任务调度到合适的数据中心执行,将新产生的数据放置到合适的数据中心上。

（2）数据冗余模块（数据备份模块）：SwinDeW-C 系统采用的是一种动态的数据冗余方式,用来保障数据的安全性,同时可以加快用户对科学工作流的访问速度。由于在云计算平台上,不同的数据的使用频率和使用时间是不相同的,根据这些特性采用动态的数据冗余方式,对使用频率高的数据进行备份。同时,在大规模科学工作流应用中,许多并行的任务需要同时对同一个数据中心上的同一个数据进行访问,由于带宽和数据中心计算能力的限制,任务的并行性并不能得到很好的利用,所以对这些数据在不同数据中心上进行冗余备份可以提高数据的可用性和科学工作流执行效率。将数据备份到哪一个数据中心是由数据之间的相关性决定的,将数据备份多少次是由数据的使用频率决定的。

（3）数据存储模块：SwinDeW-C 系统采用的是文献[18]所使用的数据存储策略。这种策略充分利用了数据源信息(Data Provenance)。数据的源信息中记录了数据之间的相关性,这种相关性也描述了数据的派生关系。在云计算平台中,任务执行完毕后,其中一些很少使用的中间数据被删除用来节省存储费用,如果后续其他任务还要使用它,那么将重新计算得到该数据。数据的源信息记录了数据是如何产生的。SwinDeW-C 系统将为数据建立一个基于数据源信息的数据依赖关系图 IDG(Intermediate data Dependency Graph),根据数据的存储开销和重新计算所需开销大小,系统将会智能地选择删除或者存储数据以减少工作流执行的总开销。

数据日志用来记录用户上传的任务的相关信息,类似于 Windows 操作系统注册表。

此外,数据管理部件还有其他的模块,分别有着各自的作用,这里不再赘述。

10.3　数据存储成本模型

本节对面向科学工作流的云数据布局问题进行描述、分析和建模,同时说明数据布局方案的优劣如何对科学工作流应用的部署和执行产生影响。云科学工作流中的数据存储在多个不同的数据中心,这些数据中心相对独立;同时,与其他中心建立网络连接。

定义 1　数据类型(Data Type)。

云计算环境中的数据类型,dtype∈{T_gen,T_ori},其中:

（1）T_ori 为原始数据集,主要指作为流程应用的初始数据,是科学工作流进行数据分析和处理的基础,其存储位置相对固定,一旦被删除将不能被恢复。

（2）T_gen 为生成数据集,指由初始数据集经过一次或多次计算产生的中间或者最终数据,其存储位置可以灵活存放,如果已知数据的生成过程也可重新生成。初始数据不能随意删除,本节中仅讨论生成数据。

定义 2　生成关系(Generation Relation)。

设生成数据 d_i 和 d_j,如果 d_i(也可能联合其他的数据 d_k)可经过计算得到数据 d_j,则称数

据 d_i 和 d_j 之间具有生成关系，记为 $d_i \rightarrow d_j$。

生成关系 $\rightarrow$ 满足自反性、反对称性和传递性，由此，对环境中全部数据 $\sum$，可得 $\{\bigcup\limits_{i=1}^{n} \sum_i\}$ 为全部数据集合 $\sum$ 的一个覆盖，每一个覆盖中的数据集之间都直接或间接存在生成关系。

定义 3 数据（Data Set）。

云计算环境下可以将数据描述为一个八元组的形式 $d = \langle d_{id}, dtype, S_{Loc}, d_{pre}, x_i, y_i, v_i, provSet_i \rangle$，其中：

（1）d_{id} 为可认证的数据标识，具有全局唯一性。

（2）dtype 为数据类型，dtype $\in$ {T_Stored, T_Deleted}，T_Stored 指当前数据集为保存数据；T_Deleted 指数据集已被删除，可以利用其 ProSet 生成。

（3）S_{Loc} 指云计算环境中多个分布式数据中心，是数据集存储的位置，各存储中心之间有网络相连，任意两个数据中心之间的网络带宽 b_{ij} 不同，本节假定数据中心的网络带宽值 b_{ij} 已知且不考虑其实时的波动。

（4）d_{pre} 指数据集 d_i 的直接前驱，对于初始数据集来说，其 d_i 为 $\varnothing$；而对于生成数据来说，其 d_{pre} 为能够生成数据集 d_i 的数据集合。

（5）x_i 指由直接前驱生成数据需要耗费的开销，该值可由计算时占用的 CPU 时间与单位时间计算成本的乘积获得。

（6）y_i 指单位数据大小在单位时间内数据的存储费率，数据 d_i 的单位时间内存储费用应该是存储费率应该是存储费率与数据 d_i 大小的乘积。

（7）v_i 是数据使用频率，在云计算环境下数据为多个用户共享，该值可通过数据调用日志获得。

（8）$provSet_i$ 指由最靠近 d_i 的类型为 T_Stored 的数据集到生成数据集 d_i 的数据生成路线图。一个 $provSet_i$ 数据集可以描述为如下的形式：

$$proSet_i = \{d_j \mid \forall d_j \in DDG \land f_j = \text{"stored"} \land d_j \rightarrow d_i$$
$$\land ((\neg \exists d_k \in DDG \land d_j \rightarrow d_k \rightarrow d_i)$$
$$\lor (\exists d_k \in DDG \land d_j \rightarrow d_k \rightarrow d_i \land f_j = \text{"deleted"})))\}$$

图 10-6 描述了不同情况下数据 d_i 的 $provSet_i$。

对存储在数据中心的数据来说，由于其管理运营机制不同，其单位时间单位大小数据 d_i 的开销亦不一样，用 p 表示。因此，数据集 d_i 的存储开销 $Cost_{d_i} = d_i.size * t * p$。

provSet 在是计算数据的生成费用时是非常重要的属性。比如，如果需要通过计算生成数据 d_i，计算时需要从其 provSet 开始将每一步的生成费用相加。数据 d_i 的生成费用可以通过下面的公式获得：

$$genCost(d_i) = x_i + \sum_{\{d_k \mid d_j \in proSe_{ti} \land d_j \rightarrow d_k \rightarrow d_i\}} x_k$$

对数据而言，它可以保存在云计算环境中，也可以在使用时随时生成。不论是数据是生成数据还是存储数据，都需要一定的费用开销。

定义 4 数据开销（Data Cost）。

数据 d_i 的开销 $Cost_{d_i} = C_{com} + C_{Stor}$，包含两部分：计算开销和存储开销。

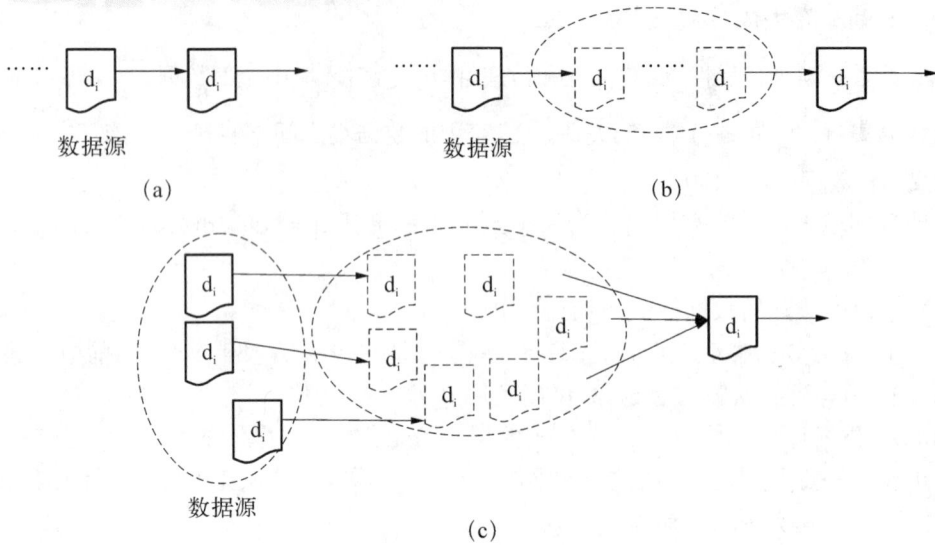

图 10-6　数据 d_i 的数据源

$$Cost_{di} = \begin{cases} y_i & d\_type = T\_Stored \\ genCost(d_i) * v_i & d\_type = T\_Deleted \end{cases}$$

其中，$genCost(d_i)$ 是由存储数据生成带来的数据总开销。

依据上述定义，对于一个云计算环境中给定的数据集合 D，其总的费用 $\sum_{d_i \in DDG} Cost_{di}$ 可以由以下公式计算得到：

$$Total\_Cost = \int_t (\sum_{d_i \in DDG} Cost_{d_i}) dt$$

进一步地，对一个数据集合 D，若存在 $S \subseteq D$，S 为需要存储的数据集合，而集合 (D-S) 为删除数据，则在该策略下，总的成本可以描述为

$$SCR = (\sum_{d_i \in DDG} Cost_{d_i})_s$$

在上述定义基础上，不同的数据存储策略其单位时间的存储费率不同，该值是云计算环境下单位时间内占用计算资源以及存储资源的反映。

10.4　最小开销的数据存储策略

生成数据 d_i 是一直存储在环境中，还是在使用时再经过计算得到，对于系统的运行成本具有很大影响。存储会带来存储开销；而计算会导致计算以及传输开销。同时，由于云计算环境是一个动态实时变化的环境，新的数据 d_i 不断产生；与此同时，数据的使用率也在不断地发生变化，显然，最小开销的数据存储是一个 NP-Hard 问题。

10.4.1　线性数据生成关系的存储策略

利用数据间的生成关系，可以构造出一个数据生成关系图 G，具体构造方法如下：

（1）将任意的数据 d_i 映射为图 G 中的点 v_i；

（2）如果数据 d_i，d_j 之间存在生成关系，则在图中添加由 v_i 到 v_j 的有向边。

容易看出，构造出的生成关系图 G 是一个有向非循环图（Directed Acyclic Graph，DAG）。为了方便描述，需要在上述关系图基础上构造包含数据间计算与存储开销的带权完全有向关系图 CTT（Cost Transitive Transitive Tournament），构造方法如下：

（1）在图 G 的两端分别加上初始节点 d_s 和结束节点 d_e，这两个节点的计算成本和存储开销均为 0。

（2）对节点 v_i，增加 v_i 到其后继 v_j 出边，即 $\{d_j|d_j\in DDG \wedge d_i\rightarrow d_j\}$；以及由其前驱到 v_i 的入边。

（3）计算每条边的权值。计算方法如下：对任意边 $e\langle d_i, d_j\rangle$，其权值 $\omega\langle d_i, d_j\rangle$ 应该是当 d_i 与 d_j 之间的数据均为删除状态时，有 d_i 生成 d_j 时的成本之和，其形式为

$$\omega\langle d_i, d_j\rangle = CostR_j + \sum_{\{d_k|d_k\in DDG\wedge d_i\rightarrow d_k\rightarrow d_j\}} CostR_k = y_j + \sum_{\{d_k|d_k\in DDG\wedge d_i\rightarrow d_k\rightarrow d_j\}} (genCost(d_k)*v_k).$$

如图 10-7 所示。

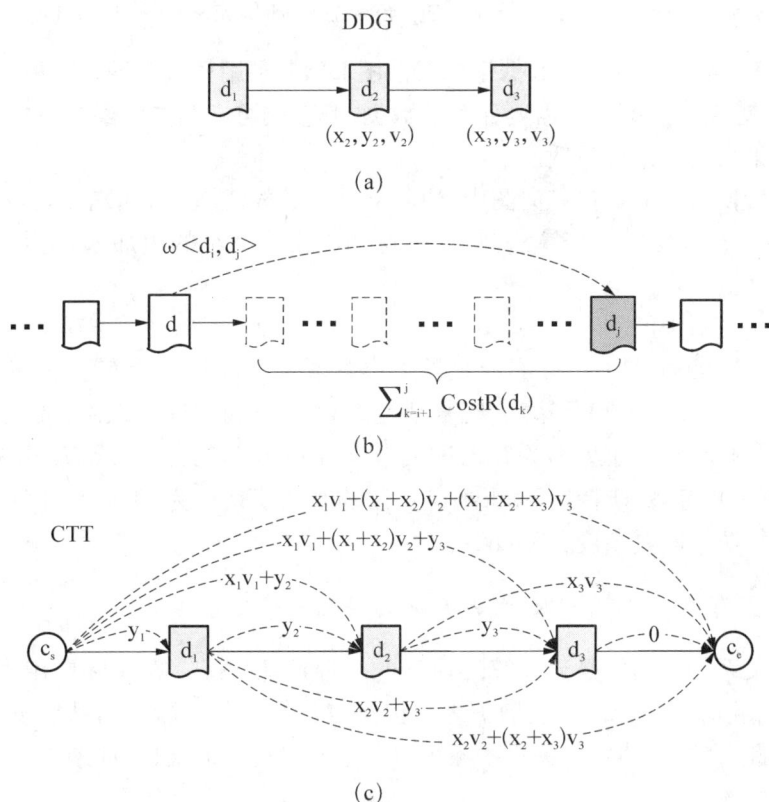

图 10-7 构建 CTT 图的例子

（4）利用迪杰斯特拉（Dijkstra）算法计算得到的有向带权图中自 v_s 到 v_e 的最短路径，记为 $P_{min}\langle v_s, v_e\rangle$。

算法 10-1 Linear CTT-SP。

输入　　d_s，d_e，线性 DDG；

迁移工作流与云工作流

输出   S;SCR
01.   For (every dataset d_i in DDG)//Create CTT
02.   For (every dataset d_j, where $d_i \rightarrow d_j$)
03.   Create$\langle d_i \rightarrow d_j \rangle$ //Create an edge
04.   weight = 0;
05.   For (every dataset d_k, where $d_i \rightarrow d_k \rightarrow d_j$)
06.   genCost = 0;
07.   For (every dataset d_h, where $d_i \rightarrow d_h \rightarrow d_k$)
08.   genCost = genCost + x_h;
09.   weight = weight + (x_k + genCost) $* v_k$;
10.   weight = weight + y_j;
11.   Set $\omega \langle d_i, d_j \rangle$ = weight //Set weight to an edge
12. P_{min} = Dijkstra (d_s, d_e, CTT);//Find the shortest path
13.   S = set of datasets that P_{min} traversed; //Except d_s and d_e Return S, SCR;

定理 10-1 给定具有线性数据生成关系图 DDG,利用算法 1 得到的最短路径 $P_{min}\langle v_s, v_e\rangle$ 中的节点 v_i 对应的数据 d_i 为需要保存的数据;其余的可在需要时经计算得到。这样得到数据集的存储策略的总开销最低。

证明 经转换得到的带权有向图中,边 $e\langle v_i, v_j\rangle$ 的权值 $\omega\langle v_i, v_j\rangle$ 表示有数据集,由于迪杰斯特拉(Dijkstra)算法是贪婪算法,每一步均选取权值最小的边加入,由此每一步都保证是最小的成本开销。

故得证。

由算法 10-1 可知,具有 n 个具有线性生成关系的数据集合,在转换为带权完全有向图时需要添加 (n+2)(n+2-1) 条边,时间复杂度为 $O(n^2)$;而在计算每条边的权值时,考虑最长的一条边,即由 v_s 到 v_e 的边,计算的时间复杂度为 $O(n^2)$,可知,生成该图所需要的总的时间复杂度为 $O(n^4)$。迪杰斯特拉(Dijkstra)算法的时间复杂度为 $O(n^2)$。因此,线性生成关系的数据存储算法时间复杂度为 $O(n^4)$。

10.4.2 具有单一块(Block)生成关系的存储策略

线性生成关系的数据集是云计算环境下的一种特殊情况。在实际应用中,情况要复杂得多,比如数据 d_i 需要一个以上的数据才可以经过计算可得;同样的,从数据 d_i 也可以产生多个数据。由此,在数据的生成关系中不可避免地会出现块的结构,如图 10-8 所示。

10.4.2.1 构建图

在这里引入数据块(Block)的概念,即包含数据分支以及数据合成的数据集合,如图 10-8(a)中虚线框内即为一数据块。在带有块的 DDG 图中,数据在计算时可能需要将整个块的数据全部生成,才能保证后续数据的产生,比如图 10-8(a)中,由于 d_7 为一 And 数据节点,要生成数据 d_7,则块内的数据 d_4 与 d_6 都需要预先产生。

由于有了数据块,在构建带权完全图时和算法 10-1 有较大的不同,这里将构建时的边分为以下四种情况:

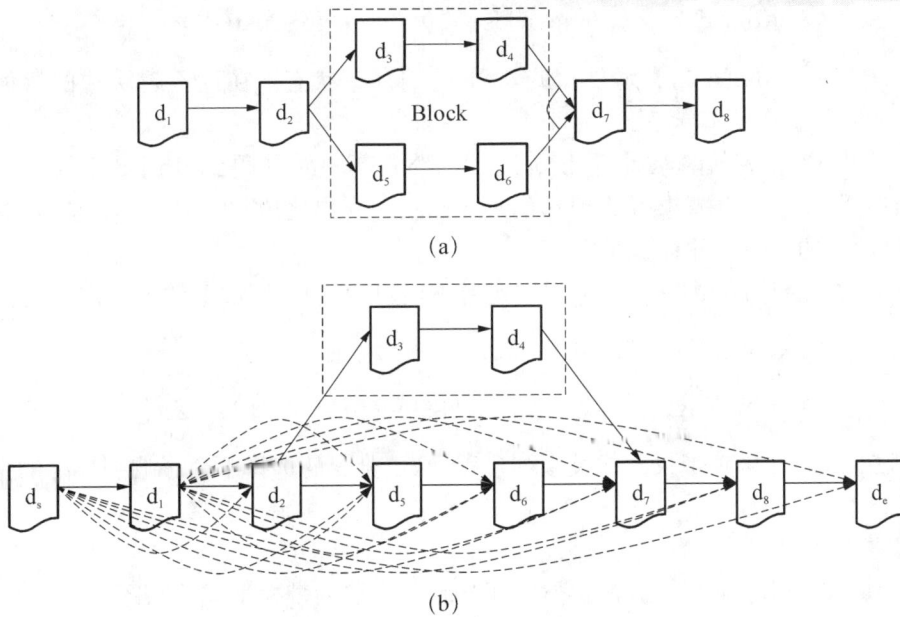

图 10-8　带有块的 DDG 图转换的例

（1）入块边。即有向边的起点在块外，而终点在块内。如图 10-8(a)中边 $e\langle d_2, d_5\rangle$，$e\langle d_1, d_6\rangle$ 等，可将其描述为

$$e\langle d_i, d_j\rangle \Leftrightarrow \exists d_k \in DDG \wedge d_i \rightarrow d_k \wedge d_j \nrightarrow d_k$$

（2）出块边。即有向边的起点在块内，而终点在块外。如图 10-8(a)中边 $e\langle d_6, d_7\rangle$，$e\langle d_5, d_8\rangle$ 等，可将其描述为

$$e\langle d_i, d_j\rangle \Leftrightarrow \exists d_k \in DDG \wedge d_i \nrightarrow d_k \wedge d_k \rightarrow d_j$$

（3）越块边。即有向边的起点在块的前驱中，而终点在块的后继中。如图 10-8(a)中的边 $e\langle d_2, d_7\rangle$，$e\langle d_1, d_8\rangle$ 等，可将其描述为

$$e\langle d_i, d_j\rangle \Leftrightarrow \exists d_h, d_k \in DDG \wedge d_i \nrightarrow d_k \wedge d_i \rightarrow d_h \rightarrow d_j \wedge d_i \rightarrow d_k \rightarrow d_j$$

（4）普通边。起点与终点均非块内，连接块的前驱或者后继的边。它们与块没有任何交叉。可将其描述为

$$e\langle d_i, d_j\rangle = \neg \exists d_k \in DDG \wedge ((d_i \rightarrow d_k \wedge d_k \nrightarrow d_j) \vee (d_i \nrightarrow d_k \wedge d_k \rightarrow d_j)$$
$$\vee (d_h \in DDG \wedge d_h \nrightarrow d_k \wedge d_i \rightarrow d_h \rightarrow d_j \wedge d_i \rightarrow d_k \rightarrow d_j))$$

10.4.2.2　带数据块的 DDG 图存储策略

由于存在 And 数据块，因此四种类型边的权值设定不能简单通过 4.1 中的方法获得，这是因为下列原因：

（1）对于出块边而言，数据 d_i 的生成集不一定是一个单一数据，可能是两个或者两个以上的数据集合。比如图 10-8(a)中，边 $e\langle d_5, d_8\rangle$，产生数据 d_8 不仅需要数据 d_5，同时还需要 d_3，d_4 等。即

$$\omega\langle d_5, d_8 \rangle = y_8 + \text{genCost}(d_6) * v_6 + \text{genCost}(d_7) * v_7$$

而要计算 $\text{genCost}(d_7)$，必须要知道 d_3 和 d_4 的存储状态。在计算越块边的权值是也会遇到同样的问题。

（2）利用迪杰斯特拉算法计算由 d_s 到 d_j 的路径不一定能得到开销最小的数据存储策略。比如在图 10-8(a) 中，求得 d_s 到 d_8 的最短路径包含出块边 $e\langle d_5, d_8 \rangle$，不包含 d_3 和 d_4，因此，需要将两者的开销一并计算在内。

综上考虑，如果边 $e\langle d_i, d_j \rangle$ 是出块边或者越块边，我们按照如下的方法定义其权值：

$$\omega\langle d_i, d_j \rangle = y_j + \text{Cost}_{主分支} + \text{Cost}_{子分支}$$
$$= y_j + \sum_{\langle d_k | d_k \in MB \wedge d_i \to d_k \to d_j \rangle} (\text{genCost}(d_k) * v_k) + \sum_{\langle d_h | d_h \in SB \rangle} \text{CostR}_h$$

定理 10-2 在构建带权生成关系图过程中，主分支的选择不会影响到最终的带权最短路径结果。

证明略。

定理 10-3 迪杰斯特拉算法仍然适用于带一个块的带权生成关系图。

证明略。

基于上述两个定理，可以设计如下的算法生成数据存储策略。

算法 10-2 带块的 DDG 图中 MCSS 算法。

输入：DDG 图；

输出：S；SCR。

Step 1：映射带权图。依据定理 10-2 选取块内的任意分支作为主分支，并将数据生成图 DDG 映射为带权有向图 CTT，其中将数据集 $\{d_1, d_2, d_3, \cdots\}$ 映射为点集 $\{d_1, d_2, d_3, \cdots\}$；任意数据集之间的关系映射为边。

Step 2：计算权值。对于生成的带权图，对普通边和入块边依据公式 1 计算其权值；对于越块边则利用公式计算其权值；对于出块边，先假定其权值为无穷大 ∞，创建的 CTT 如图 10-9(a) 所示。

Step 3：利用定理 3 计算从 d_s 到 d_e 的最短路径。设 F 为计算过程中产生的节点集合，当找到最短边 $e\langle d_i, d_j \rangle$，先将 d_j 加入到集合 F 中，然后依据边的类型作如下处理：

（1）如果 $e\langle d_i, d_j \rangle$ 是入块边，则构建一个新的 CTT'，方法如下：复制当前 CTT 图的所有信息；更新 CTT 中除 $e\langle d_i, d_j \rangle$ 外所有入块边的权值为无穷大 ∞；更新所有出块边的权值：计算出块边 $e\langle d_h, d_k \rangle$，如图 10-9(b) 所示。可以看出子分支 $\{d_1', d_2', \cdots, d_m'\}$ 是一个线性 DDG 图，可以参照 4.1 节的算法求得成本最小的存储策略。为子分支创建的 CTT 如图 10-9(c) 所示。

（2）添加边 $e\langle d_i, d_j \rangle$，转到 Step 2。

10.4.3 一般结构的数据存储策略

在实际的应用中，DDG 图可能会非常复杂，比如存在多个块（Block）结构等，尽管这样仍然可以利用上一节给出的算法通过扩展线性关系依赖得到最小数据成本的存储策略。在本小节中，我们首先讨论不同 DDG 图的特征，随后给出通用 DDG 图的数据存储策略。

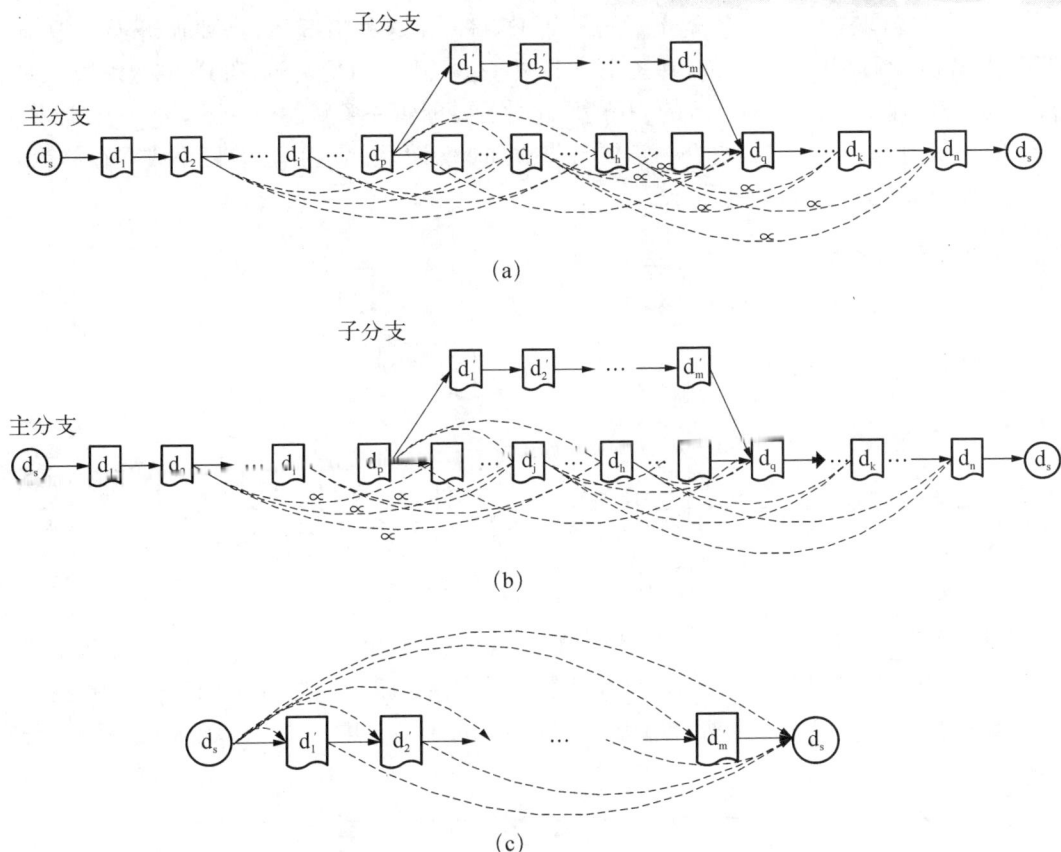

(a)

(b)

(c)

图 10-9 带有块的 DDG 图转换为 CTT 图

10.4.3.1 不同情况下通用 CTT-SP 算法

显然,可以把复杂的 DDG 图看做是有多个含块结构的 DDG 图的组合而成。在上一节算法基础上可以通过选择任一条分支作为主分支的形式构建初始的 CTT 图。在构建出块边(Out-block edges)和越块边(Over-block edges)时,需要考虑以下两种情况:

(1) 子分支有多个邻接前驱(Adjacent Predecessor)。比如,在图 10-10 中,$e(d_i, d_j)$ 是块 B_1 出块边,同时,也是块 B_2 的入块边。在上一节的算法中,如果利用迪杰斯特拉算法找到了该边 $e(d_i, d_j)$,则需要在 CTT 图中创建一条新的边 $e(d_i, d_j)$。另一方面,如果需要计算出块边(比如 $e(d_h, d_k)$)的权值,则首先要计算出块 B_2 子分支 $\{d_1', d_2', \cdots, d_m'\}$ 的 MCSS。然而,由于 $e(d_i, d_j)$ 是块 B_1 的出块边,同时,d_1' 的数据源除了 d_i 外,还包含其他的数据。因此,在计算 d_1' 的生成成本时,需要从块 B_1 中的子分支 Br_1 中找到。

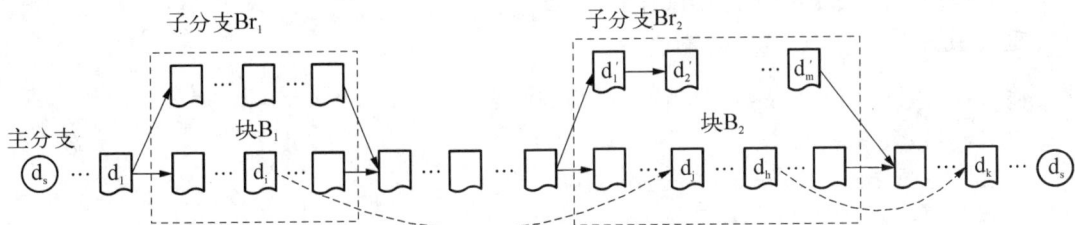

图 10-10 具有多个邻接前驱的子分支

（2）子分支同样是一个包含分支的一般 DDG。在这种情况下,需要循环递归地调用 CTT-SP 算法找到 MCSS。例如,在图 10-11 中,边 $e(d_i, d_j)$ 是块 B_1 和 B_2 的入块边。如果在算法实施过程中选择为 MCSS 的一条边,此时需要创建一条新的边 $e(d_i, d_j)$。在计算 B_1 和 B_2 的出块边 $e(d_h, d_k)$ 的权值时,需要首先找到子分支块 B_1 和 B_2 的最小成本存储策略。因此,需要在 $B_1 \cup B_2$ 循环调用算法。

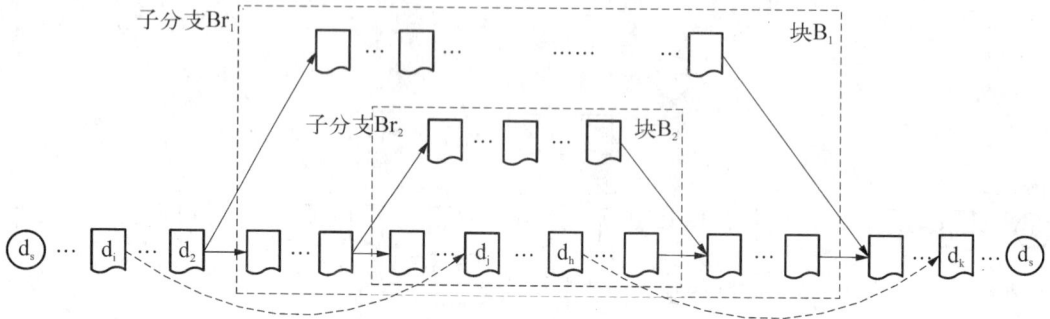

图 10-11 带有分支的子分支

因此,对于任意给定的 DDG 图,其结构都可以看做是由许多块组合而成。在各子块中通过递归调用 CTT-SP 算法,总归可以找到最小的存储策略。例如,在图 10-12 中,在计算 $e(d_i, d_j)$ 的权之前需要先计算所有出块边的权值。对于出块边 $e(d_h, d_k)$ 则需要找到子分支的 MCSS。

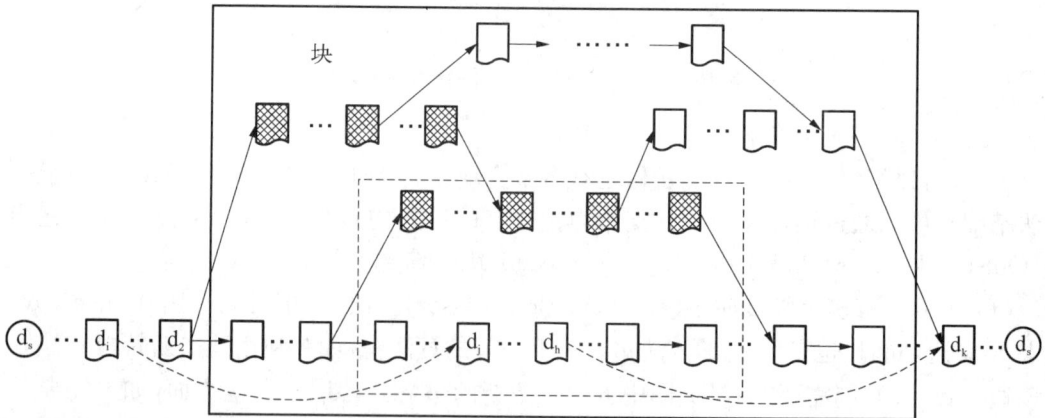

图 10-12 通用 DDG 图的 CTT 结构

10.4.3.2 通用 CTT-SP 算法伪代码

下面给出一般 DDG 图的通用 CTT-SP 算法。

算法 10-3 通用 CTT-SP 算法。

输入：数据 d_s, d_e,以及数据依赖关系图 DDG;

输出：S 以及 SCR;

```
01  Get a main branch MB  from DDG;
02  For (every dataset d_i in MB)
03      For (every dataset d_j, where d_j ∈ MB ∧ d_i→d_j)
```

```
04        Create e(d_i, d_j)
05        If( ∃ d_k ∈ DDG ∧ d_i ⊢→ d_k ∧ d_k →d_j)
06          Set w(d_i, d_j) = ∞ ;
07        Else
08          weight = 0 ;
09          If( ∃ d_k ∉ MB ∧ d_i →d_k →d_j)
10          ┌ SB = {d_k | d_k ∉ MB ∧ d_i →d_k →d_j}
11          │ If SB is linear
12          │     S' = Linear_CTT-SP(d_i, d_j, SB);
13          │ Else
14          │     S' = General_CTT-SP(d_i, d_j, SB);
15          └ Weigh = weight + ( ∑_{di ∈ SB} CostRi))_{S'}
16          For(every dataset d_k, where d_k ∈ MB ∧ d_i →d_k →d_j)
17          ┌ genCost = 0 ;
18          │ For(every dataset d_h, where d_h ∈ MB ∧ d_i →d_h →d_j)
19          │    genCost = genCost + x_h ;
20          │      Weigh = Weigh + (x_h + genCost) * v_k ;
21          └ Set w(d_i, d_j) = weigh + y_j ;
22      CTTSet = {CTT_ini} ;
23      F = {∅} ;
24  While(d_e is not in F)
25    For(every CTT in CTTSet)
26      Find the next edges by Dijkstra algorithm;
27    Get the current shortest path in all the CTTs, which is with the edge
e(d_i, d_j) ∈ CTT'
28    Add d_j to F;
29    If ( ∃ d_b ∈ DDG ∧ d_i →d_b ∧ d_j ⊢→ d_b)
30      BSet = {B_p ⊂ DDG ∧ d_i ∉ B_p ∧ d_j ∈ B_p}
31    Create a copy of CTT' denoded as CTT(e(d_i, d_j))
32    For (every B_p ∈ BSet)
33      For(every e(d_r, d_t)≠e(d_i, d_j) where d_r ∉ B_p ∧ d_i ∈ B_p)
34        Set w(d_r, d_t) = ∞ ;
35    For (every B_p ∈ BSet)
36      For(every e(d_n, d_k)≠e(d_i, d_j) where d_h ∈ B_p ∧ d_j →d_h ∧ d_k ∉ B_p)
37        Weight = 0
38        SB = {d_p | d_p ∈ DDG ∧ d_i →d_p →d_k ∧ d_p ⊢→ d_j ∧ d_p ⊢→ d_h}
39        If SB is linear
40            S' = Linear_CTT-SP(d_i, d_k, SB);
```

```
41        Else
42            S' = General_CTT-SP(d_i, d_k, SB);
43            Weigh = ( ∑_{di∈SB} CostRi)_{s'}
44            For(every dataset d_l, where d_l∈MB∧d_h→d_l→d_k)
45        ┌   genCost = 0;
46        │   For(every dataset d_o, where d_o∈MB∧d_h→d_o→d_l)
47        │     genCost = genCost + x_o;
48        └     Weigh = Weigh + ( x_l + genCost) * v_l;
49            Set w(d_i, d_j) = weigh + y_k;
50        Add CTT(e(d_i, d_j)) to CTTSet;
51   S = set of datasets that the shortest path from ds to de has traversed;
52   SCR = ∑_{di∈DDG} CostRi;
53   Return S, SCR;
```

10.5　本章小结

本章在对科学工作流和云计算的本质进行深入分析的基础上,指出了云计算平台作为科学工作流的运行环境已经逐步成为发展的趋势。

另一方面,在云平台上跨数据中心执行科学工作流也面临着数据传输量大、存储成本高的问题。通过对当前的数据存储和放置策略进行较为透彻的研究,在此基础上提出了面向最小成本的数据存储策略。

下一步的工作包括:

(1) 使用具有实际应用的科学工作流检查上述算法的性能,并进行原因分析,对算法进行改进。

(2) 进一步探讨影响数据成本的因素,以便更精确地确定成本最小的数据存储策略。

参考文献

[1] Singh M P, Vouk M A. Scientific workflows: scientific computing meets transactional workflows [C]//Proceedings of the NSF Workshop on Workflow and Process Automation in Information Systems: State-of-the-Art and Future Directions. 1996: 28 - 34.

[2] Deelman E, Gannon D, Shields M, et al. Workflows and e-Science: An overview of workflow system features and capabilities[J]. Future Generation Computer Systems, 2009, 25(5): 528 - 540.

[3] Ludäscher B, Altintas I, Bowers S, et al. Scientific process automation and workflow management[J]. Scientific Data Management: Challenges, Existing Technology, and Deployment, Computational Science Series, 2009: 476 - 508.

[4] 文元桥. 协同地球科学计算环境的协同与共享研究[D]. 武汉: 华中科技大学,2008.

[5] Fox A, Griffith R, Joseph A, et al. Above the clouds: A Berkeley view of cloud computing[J]. Dept. Electrical Eng. and Comput. Sciences, University of California, Berkeley, Rep. UCB/EECS, 2009, 28: 13.

［6］Mell P，Grance T. The NIST definition of cloud computing［J］. National Institute of Standards and Technology，2009，53(6)：50.

［7］张卫民，刘灿灿，骆志刚. 科学工作流技术研究综述［J］. 国防科技大学学报，2011，33(3)：56－65.

［8］Turuncoglu U，Murphy S. Technical Summary and Progress Report for a Kepler-based Modeling Workflow System［J］. 2009.

［9］Barga R，Jackson J，Araujo N，et al. The trident scientific workflow workbench［C］//eScience，2008. eScience'08. IEEE Fourth International Conference on. IEEE，2008：317－318.

［10］Tan W，Missier P，Madduri R，et al. Building scientific workflow with taverna and bpel：A comparative study in cagrid［C］//Service-Oriented Computing-ICSOC 2008 Workshops. Springer Berlin Heidelberg，2009：118－129.

［11］Mandal N，Deelman E，Mehta G，et al. Integrating existing scientific workflow systems：the Kepler/Pegasus example［C］//Proceedings of the 2nd workshop on Workflows in support of large-scale science. ACM，2007：21－28.

［12］Liu X，Yuan D，Zhang G，et al. SwinDeW-C：a peer-to-peer based cloud workflow system for managing instance intensive applications［M］. Springer，2010，309－332.

［13］J. Yan，Y. Yang，G. K. Raikundalia. SwinDeW-a P2P based decentralized workflow management system［J］. IEEE Transactions on Systems，Man and Cybernetics，2006，Vol 36：922－935.

［14］Yang Y，Liu K，Chen J，et al. Peer-to-peer based grid workflow runtime environment of SwinDeW-G［C］. Proceedings of IEEE International Conference on e-Science and Grid Computing，2007：51－58.

［15］Oracle. Hardware and Software. Engineered to Work Together［EB/OL］. http：//www. sun. com/software/jxta/.

［16］Liu X，Yuan D，Zhang G，et al. SwinDeW-C：a peer-to-peer based cloud workflow system［M］//Handbook of Cloud Computing. Springer US，2010：309－332.

［17］Yuan Dong，Yang Yun，Liu Xiao，et al. A data placement strategy in scientific cloud workflows. Future Generation Computer Systems［J］. 2010，26(8)：1200－1214.

［18］D. Yuan，et al. A cost-effective strategy for intermediate data storage in scientific cloud workflow systems. Proceedings of the 2010 IEEE International Symposium on Parallel and Distributed Processing(IPDPS 2010)，Atlanta，USA，2010：1－12.

11 结束语

在迁移工作流系统框架基础上,吸收并借鉴现有研究成果,对面向目标的迁移工作流建模方法从四个方面开展工作:基于时序约束和满足依赖关系的与/或图方法、目标描述逻辑方法、基于规划组合的多目标模型方法以及基于目标描述逻辑的建模,并在原型系统平台上对面向目标的迁移工作流建模进行了验证。在此基础上,探讨了云计算环境下工作流系统的结构、运营模式,重点研究了面向最小成本的数据存储策略以及副本策略。

11.1 工作总结

迁移工作流因其在支持跨机构分布式工作流应用和提高工作流柔性等方面的优势而成为一个新的研究热点。本书在迁移工作流系统框架基础上,吸收与借鉴现有研究成果,对面向目标的迁移工作流建模方法从四个方面开展工作:基于时序约束和满足依赖关系的与/或图方法、目标描述逻辑方法、基于规划组合的多目标模型方法以及基于目标描述逻辑的建模,并在原型系统平台上对面向目标的迁移工作流建模进行了验证。在此基础上,探讨了云计算环境下工作流系统的结构、运营模式,重点研究了面向最小成本的数据存储策略以及副本策略。归纳起来,本书的主要贡献和创新点如下:

(1) 针对传统目标与/或树方法描述能力不强等问题,提出了一种具有时序约束和满足依赖关系的目标与/或图方法。

本书在传统目标与/或树基础上,为了增强目标规划的实用性,将时序约束引入到目标与/或树中,建立了一种具有时序约束的与/或目标图方法;为了进一步提高目标实现的效率,将目标满足性依赖关系引入到目标与/或图中,建立了一种具有时序约束和满足依赖关系的目标与/或图方法。分析和应用表明,具有时序约束和满足依赖关系的目标与/或图,具有良好的工作流语义、目标描述能力和目标可满足性推理能力。上述方法,丰富了目标推理的理论基础,对面向目标的主体系统研究具有重要意义。

(2) 针对目标推理缺乏理论基础、语义不清晰等问题,借鉴传统描述逻辑,提出了一种覆盖宣称型目标和过程型目标的目标描述逻辑方法。

描述逻辑(Description Logics，DLs)是一种知识表示的形式化工具，其具有可判定性、带有语义、提供有效的推理服务等优点。针对传统的目标描述中存在的不可判定性以及没有清晰的语义等问题，在描述逻辑上通过引入目标包含、目标等价等算子和目标规划规则，构建了一种覆盖宣称型和过程型两类目标的目标描述逻辑（Goal Description Logics，GDLs），建立了目标一致性和目标可满足性判定方法，给出了目标规划执行异常处理机制。分析和应用表明，GDLs能够有效地描述工作流目标及目标规划的实现过程，具有良好的目标一致性判定、目标可满足性判定和目标规划执行异常处理等能力。上述研究为主体领域模型提供了一种有力的形式化工具，同时为智能主体的设计提供了很好的理论基础。

（3）为进一步提高系统执行效率，针对目标实现时"相同步骤多次执行"的问题，提出了一种基于规划组合的多目标模型优化方法。

在基于目标描述逻辑的工作流说明中，目标规划用于指导迁移实例的迁移行为和服务利用行为。当迁移实例需要一次派遣实现多个业务目标时，多个目标说明之间可能存在某些相同的目标规划步骤，因此，基于目标规划组合实现多目标模型优化，可以消除迁移实例的迁移冗余性，有利于提高其工作效率。

（4）在权衡存储成本与传输成本基础上，提出了一种面向最小成本的数据副本管理策略。

从降低数据管理成本的角度，在权衡存储成本与传输成本基础上研究面向最小成本的数据副本管理策略，主要包括：数据管理成本模型、创建副本必要性测试以及近似最小成本的副本布局策略等。以Amazon云平台数据管理成本模型为例进行实验，结果表明：面向最小成本的副本管理策略在满足用户响应时间等需求的同时，可以有效地降低数据中心的管理成本，推动企业（用户）积极运用云计算平台管理企业数据，促进云计算环境的和谐发展。

11.2 下一步的工作

本书针对面向目标的迁移工作流建模方法进行了深入的研究。但这只是一个开始，进一步的工作可以从以下几个方面着手：

（1）目标描述逻辑研究进一步深化，建立包括消耗性资源、可重用资源在内的逻辑描述系统，建立更适合实际需要的工作流方法。在实际运行时，迁移实例目标的实现是需要消耗资源的，资源也是目标实现的约束条件之一，研究在资源一定的条件下，用以支持面向目标的迁移工作流建模方法，提高迁移工作流的可达性和可靠性。

（2）增加对模糊目标等的处理功能，以提高系统的实用性。日常生活中，人们描述的目标往往是不精确的、模糊的，比如在旅游服务中，对预订宾馆的要求为"交通便利"等。这类目标的处理对于系统的实用性和可靠性具有较强的要求。

（3）建模过程中的协商、控制和意外处理机制。在实际运行时，工作流系统可能会面临各种各样的错误或异常，一旦系统目标规划出现异常，如何结合迁移工作流系统的特点，研究有效解决方案，从而使系统在外部环境或内部状态出现变化时，仍能够完成其预先设定的功能，而不至于使系统停止运行或崩溃。

主题索引